燃气经营企业从业人员专业培训教材

压缩天然气场站运行工

燃气经营企业从业人员专业培训教材编审委员会　组织编写

朱　军　主编

中国建筑工业出版社

图书在版编目（CIP）数据

压缩天然气场站运行工/燃气经营企业从业人员专业培训教材编审委员会组织编写；朱军主编. —北京：中国建筑工业出版社，2017.7
燃气经营企业从业人员专业培训教材
ISBN 978-7-112-21025-1

Ⅰ.①压… Ⅱ.①燃… ②朱… Ⅲ.①天然气—配气站—技术培训—教材 Ⅳ.①U491.8

中国版本图书馆 CIP 数据核字(2017)第 164565 号

本书是根据《燃气经营企业从业人员专业培训考核大纲》（建办城函[2015] 225号）编写的，是《燃气经营企业从业人员专业培训教材》之一，属于专业教材。本书共10章，内容包括天然气基础知识、CNG加气母站、CNG常规加气站、CNG加气子站、CNG加气站设备维修保养、常用仪器仪表、CNG加气站试运行、CNG加气站运行管理、CNG加气站安全生产管理及消防安全措施、CNG场站风险辨识和应急处置措施。

本书可为燃气行业广大管理人员、技术人员、操作人员提供全面且实用的专业参考，作为行业职工培训教材使用。

责任编辑：朱首明 李 明 李 阳 李 慧
责任校对：王 烨 刘梦然

燃气经营企业从业人员专业培训教材
压缩天然气场站运行工
燃气经营企业从业人员专业培训教材编审委员会 组织编写
朱 军 主编

*

中国建筑工业出版社出版、发行（北京海淀三里河路9号）
各地新华书店、建筑书店经销
北京建筑工业印刷厂制版
北京富生印刷厂印刷

*

开本：787×1092毫米 1/16 印张：12 字数：298千字
2017年7月第一版 2017年7月第一次印刷
定价：35.00元
ISBN 978-7-112-21025-1
(30667)

版权所有 翻印必究
如有印装质量问题，可寄本社退换
（邮政编码 100037）

燃气经营企业从业人员专业培训教材
编审委员会

主　　任： 高延伟

副 主 任： 夏茂洪　胡　璞　叶　玲　晋传银
　　　　　　何卜思　邓铭庭　张广民　李　明

委　　员：（按姓氏笔画排序）
　　　　　　方建武　白俊锋　仲玉芳　朱　军
　　　　　　刘金武　毕黎明　李　帆　李　光
　　　　　　张建设　张　俊　汪恭文　杨益华
　　　　　　唐洪波　雷　明　简　捷　蔡全立

出版说明

为了加强燃气企业管理，保障燃气供应，促进燃气行业健康发展，维护燃气经营者和燃气用户的合法权益，保障公民生命、财产安全和公共安全，国务院第 129 次常务会议于 2010 年 10 月 19 日通过了《城镇燃气管理条例》（国务院令第 583 号公布），并自 2011 年 3 月 1 日起实施。

住房和城乡建设部依据《城镇燃气管理条例》，制定了《燃气经营企业从业人员专业培训考核管理办法》（建城［2014］167 号），并结合国家相关法律法规、标准规范等有关规定编制了《燃气经营企业从业人员专业培训考核大纲》（建办城函［2015］225 号）。

为落实考核管理办法，规范燃气经营企业从业人员岗位培训工作，我们依据考核大纲，组织行业专家编写了《燃气经营企业从业人员专业培训教材》。

本套教材培训对象包括燃气经营企业的企业主要负责人、安全生产管理人员以及运行、维护和抢修人员，教材内容涵盖考核大纲要求的考核要点，主要内容包括法律法规及标准规范、燃气经营企业管理、通用知识和燃气专业知识等四个主要部分。本套教材共 9 册，分别是：《城镇燃气法律法规与经营企业管理》、《城镇燃气通用与专业知识》、《燃气输配场站运行工》、《液化石油气库站运行工》、《压缩天然气场站运行工》、《液化天然气储运工》、《汽车加气站操作工》、《燃气管网运行工》、《燃气用户安装检修工》。本套教材严格按照考核大纲编写，符合促进燃气经营企业从业人员学习和能力的提高要求。

限于编者水平，我们的编写工作中难免存在不足，恳请使用本套教材的培训机构、教师和广大学员多提宝贵意见，以便进一步的修正，使其不断完善。

燃气经营企业从业人员专业培训教材编审委员会

前　言

城市燃气设施是现代化文明城市建设的重要标志之一。燃气的供应，不仅能改善城市居民的生活环境，提高生活质量，而且也是合理利用和节约能源的一项重要举措。

随着我国国民经济持续和快速发展和人民生活水平的提高，我国城市燃气事业有了突飞猛进的发展。燃气行业对人才的需求也日趋紧迫，加快燃气队伍专业化建设是各燃气企业面临的一个重要问题。本书的出版旨在为燃气行业广大技术人员提供全面且又实用的专业支持。

本书从压缩天然气场站、CNG加气站构成、CNG加气站主要设备和运行操作、CNG加气站设备维护保养与故障处理、常用仪器仪表和阀门知识、CNG场站风险辨识和应急处置等方面进行描述。本书在编写过程中力图做到全面，尽量涵盖了燃气行业管理者和专业技术人员所需的知识，并介绍了一些燃气行业新材料、新技术、新工艺。

本书根据《燃气经营企业从业人员专业培训考核大纲》（建办城函〔2015〕225号）组织专业编写，本书可为燃气行业广大管理人员、技术人员、操作人员提供全面且实用的专业参考，作为行业职工培训教材使用。

本书由浙江省宁波市中技施工图审查有限公司朱军主编，杭州市公用事业监管中心仲玉芳、杨益华，广西广投天然气管网有限公司杨建建，浙江省长三角标准技术研究院卢旭扬参与编写了本书的各章节，朱军负责全书的统稿和定稿。浙江省长三角标准技术研究院对本书的编写提供了大力支持。

在本书的编著过程中，参考了大量的国内外相关著作、资料，在此向有关的编著者和资料提供者表示真诚的谢意。

由于编者水平所限，书中错误和不妥之处，敬请读者批评指正。

目 录

1 天然气基础知识 ·· 1
　1.1 压缩天然气基本知识 ··· 1
　1.2 典型工艺介绍 ·· 8

2 CNG加气母站 ·· 14
　2.1 CNG加气母站构成 ··· 14
　2.2 CNG加气母站设备操作 ··· 23

3 CNG常规加气站 ·· 35
　3.1 CNG常规加气站构成 ·· 35
　3.2 CNG常规加气站设备操作 ·· 41

4 CNG加气子站 ··· 51
　4.1 压缩子站 ··· 51
　4.2 液压子站 ··· 62

5 CNG加气站设备维修保养 ·· 71
　5.1 压缩机的维修保养 ·· 72
　5.2 脱水装置的维修保养 ··· 76
　5.3 加气机的维修保养 ·· 77
　5.4 液压橇体的维修保养 ··· 79
　5.5 子站拖车的维护保养 ··· 81
　5.6 辅助设施维修保养 ·· 82

6 常用仪器仪表 ·· 86
　6.1 温度测量仪表 ··· 86
　6.2 压力测量仪表 ··· 90
　6.3 天然气流量计 ··· 92
　6.4 气体分析仪 ·· 98

7 CNG加气站试运行 ··· 100
　7.1 CNG加气站试运行 ··· 100

7.2　场站设备的交工及验收 ································· 112

8　CNG 加气站运行管理 ································· 114
8.1　CNG 加气站管理制度 ································· 114
8.2　CNG 加气站设备操作规程 ································· 119
8.3　加气站运行记录表格、台账 ································· 124

9　CNG 加气站安全生产管理及消防安全措施 ································· 128
9.1　CNG 加气站安全生产管理 ································· 128
9.2　消防知识 ································· 131
9.3　CNG 加气站防雷、防静电、防中毒措施 ································· 135

10　CNG 场站风险辨识和应急处置措施 ································· 138
10.1　风险辨识 ································· 138
10.2　应急预案 ································· 144
10.3　CNG 场站应急处置措施 ································· 147

附件 ································· 153

参考文献 ································· 184

1 天然气基础知识

1.1 压缩天然气基本知识

天然气是指在地层中自然存在的烃类和非烃类气体混合物。自然界中气体的形成成因十分广泛，可以是有机质的降解和裂解，也可能是由于岩石变质、岩浆作用、放射性作用以及热核反应等产生的。在自然界里，很少有成因单一的气体单独聚集，往往是不同成因的气体的混合。作为资源的天然气是指以短烃为主的可燃气体。当前已大规模开发并为人们广泛利用的天然气是与原油成因相同，与原油共生或单独存在的可燃气体，这部分常划分为常规天然气。随着科学技术的发展和经济条件的变化，原先受技术经济条件的限制尚未投入开采的煤层气、页岩气、致密性气藏气等都已开始投入工业开采，这部分天然气也常称为非常规天然气。

1.1.1 天然气的分类

天然气分类方法目前尚不统一，各国都有自己的习惯分法。常见的分法如下。

1. 按产状分类

可分为游离气和溶解气。游离气即气藏气；溶解气即油溶气、气溶气、固态水合物气以及致密岩石中的气等。

2. 按经济价值分类

可分为常规天然气和非常规天然气。常规天然气指在目前技术经济条件下可以进行工业开采的天然气，主要指油田伴生气（也称油田气、油藏气）、气藏气和凝析气。非常规天然气指煤层气（煤层甲烷气）、页岩气、水溶气、致密岩石中的气及固态水合物气等。其中，除煤层气和页岩气外，其他非常规天然气由于目前技术经济条件的限制尚未投入工业开采。

3. 按来源分类

可分为与油有关的气（包括油田伴生气、气顶气）和与煤有关的气；天然沼气即由微生物作用产生的气；深源气即来自地壳深部挥发性物质的气；化合物气即指地球形成时残留地壳中的气，如陆上冻土带和深海海底等的固态水合物气等。

4. 按烃类组成分类

对于油气井井口采出的，或由油气田矿场分离器分出的天然气而言可分为干气和湿气、贫气和富气。

通常，人们还习惯将脱水（脱除水蒸气）前的天然气称为湿气，脱水后水露点降低的天然气称为干气；将回收天然气凝液前的天然气称为富气，回收天然气凝液后的天然气称为贫气。此外，也有人将干气与贫气、湿气与富气相提并论。由此可见，它们之间的划分并不是十分严格的。因此，本书以下提到的贫气与干气、富气与湿气也没有严格的区别。

5. 按矿藏特点分类

（1）纯气藏天然气（气藏气）

在开采的任何阶段，储集层流体均呈气态，但随组成不同，采到地面后在分离器或管线中则可能有少量液烃析出。

（2）凝析气藏天然气（凝析气）

储集层流体在原始状态下呈气态，但开采到一定阶段，随储集层压力下降，流体状态进入露点线内的反凝析区，部分烃类在储集层及井筒中呈液态（凝析油）析出。

（3）油田伴生气（伴生气）

在储集层中与原油共存，采油过程中与原油同时被采出，经油气分离后所得的天然气。

目前国内多按矿藏特点对天然气进行分类。

6. 按硫化氢、二氧化碳含量分类

（1）净气（甜气）：指硫化氢和二氧化碳等含量甚微或不含有，不需脱除即可符合管道输送要求或达到商品气质量要求的天然气。

（2）酸气：指硫化氢和二氧化碳等含量超过有关质量要求，需经脱除才能达到管道输送要求或成为商品气的天然气。

1.1.2 天然气组成

天然气是由多种可燃和不可燃的气体组成的混合气体，每种产出的天然气都有自己的组分，同一气藏的两口井可能有不同的组分，而且随着气藏的逐步衰竭，从气藏产出的气流组分也在发生变化。

国外某些重要气田的天然气组成见表1.1-1。我国某些油气田天然气的组成见表1.1-2。

国外某些重要气田的天然气组成%（体积分数）　　　　　表1.1-1

国家	产地	甲烷	乙烷	丙烷	丁烷	戊烷	二氧化碳	氮气	硫化氢
美国	Louisiana	92.18	3.33	1.48	0.79	0.25	0.9	1.02	—
加拿大	Alberta	64.4	1.2	0.7	0.8	0.3	4.8	0.7	26.3
委内瑞拉	San Joaquin	76.7	9.79	6.69	3.26	0.94	1.9	—	—
荷兰	Goningen	81.4	2.9	0.37	0.14	0.04	0.8	14.26	—
英国	Leman	95	2.76	0.49	0.20	0.06	0.04	1.3	—
法国	Lacq	69.4	2.9	0.9	0.6	0.3	10	15.5	—
俄罗斯	Capatabakoe	94.7	1.8	0.2	0.1	—	0.2	—	—

我国某些重要气田的天然气组成%（体积分数）　　　　　表1.1-2

油气田	甲烷	乙烷	丙烷	丁烷	戊烷	二氧化碳	氮气	硫化氢
庙高寺	96.42	0.73	0.14	0.04	—	—	0.05	0.69
傅家寺	95.77	1.10	0.37	0.16	—	0.08	—	—

续表

油气田	甲烷	乙烷	丙烷	丁烷	戊烷	二氧化碳	氮气	硫化氢
杨家场	97.17	1.02	0.20	—	—	0.47	0.04	0.01
阳高寺	97.81	1.05	0.17	—	—	0.44	0.05	—
兴隆场	96.74	1.07	0.32	0.16	0.076	0.045	0.042	—
威远	96.80	0.11	—	—	—	4.437	0.316	0.879
卧龙河1	94.12	0.88	0.21	0.05	—	3.970	—	—
卧龙河2	95.97	0.55	0.10	0.03	0.04	0.35	0.03	1.52
中坝1	91.15	5.8	1.59	0.71	0.20	0.54	—	—
中坝2	82.98	1.69	0.68	0.72	0.76	4.51	—	6.75
相国寺	97.62	0.92	0.07	0.00	—	0.16	0.076	0.01
大庆	79.75	5.6	7.6	5.64	—	—	—	—
中原文南	82.44	7.98	3.24	2.15	1.35	0.42	—	—
大港板桥	68.55	11.22	6.42	3.66	1.77	1.00	—	—
塔里木	84.67	3.01	1.31	0.87	0.90	0.22	—	—

1.1.3 天然气的性质

天然气的主要组分是甲烷，乙烷、丙烷、丁烷等烃类气体含量不多。此外，天然气还含有氮、二氧化碳、硫化氢及微量的氢、氮、氧等非烃类气体。天然气是由互不发生化学反应的多种单一组分混合而成，其组分和组成无定值，其基本物理性质可以由单一组分气体的性质按混合法则求得。

天然气的化学性质比较稳定，一般条件下不与氧气发生反应，也不与浓酸、浓碱溶液及氧化剂反应，但与氯气只要在日光照射或加热时就能发生反应，与氟化氢混合能发生自燃。通常情况下，甲烷比较稳定，与高锰酸钾等强氧化剂不反应，与强酸、强碱也不反应。但是在特定条件下，甲烷也会发生某些反应。

1. 密度和相对密度

（1）天然气的密度

天然气的密度定义为单位体积天然气的质量，用符号 ρ 表示。

$$\rho = \frac{m}{V}$$

式中 ρ——气体的密度（kg/m³）；
m——气体的质量（kg）；
V——气体的体积（m³）。

因为在 101.325kPa、0℃下，1kmol 任何气体的体积都等于 22.4m³，所以任何气体在此标准状态下的密度为：

$$\rho = \frac{M}{22.4}$$

式中 ρ——气体的密度（kg/m³）；

M——天然气的相对分子质量。

气体的密度与压力、温度有关,在低温、高压下同时与气体的压缩因子有关。气体在某压力、温度下的密度为:

$$\rho = \frac{pM}{8.314ZT}$$

式中 ρ——气体的密度(kg/m³);

p——天然气的压强(kPa);

M——天然气的相对分子质量;

Z——天然气压缩系数;

T——天然气绝对温度(K)。

(2) 相对密度

天然气相对密度是在相同压力和温度下天然气的密度与空气密度之比,即 ρ/ρ'。天然气的相对密度用符号 S 表示,则

$$S = \frac{\rho}{\rho'} = \frac{M}{M'}$$

式中 ρ, M——分别为天然气的密度和相对分子质量;

ρ', M'——分别为空气的密度和相对分子质量。

上式可求得天然气的相对密度也常用在已知天然气的相对密度时,求天然气的分子量或密度等。$S>1$ 表明该气体比空气重,$S<1$ 表明该气体比空气轻。

天然气的相对密度变化较大,对于一般干气,其相对密度约为 0.58~0.62,同温、同压下甲烷的相对密度为 0.5548。

2. 自燃点

在规定的条件下,可燃物质发生自燃的最低温度称为自燃点。物质的自燃点越高,越不容易燃烧。影响液体、气体可燃物自燃点的主要因素有:

(1) 压力:压力越高,自燃点越低;氧浓度:混合气中氧浓度越高,自燃点越低。

(2) 催化:活性催化剂能降低自燃点,钝性催化剂能提高自燃点。

(3) 容器的材质和内径:器壁的不同材质有不同的催化作用;容器直径越小,自燃点越高。

(4) 相对密度:在各类油品中,油品相对密度越大,自燃点越低;油品相对密度越小,其闪点与燃点愈低,而自燃点却愈高。

影响固体可燃物自燃点的主要因素有:

(1) 受热熔融:熔融后可视液体、气体的情况;挥发物的数量:挥发出的可燃物越多,其自燃点越低。

(2) 固体的颗粒度:固体颗粒越细,其比表面积就越大,自燃点越低。

(3) 受热时间:可燃固体长时间受热,其自燃点会有所降低。

3. 着火温度

着火温度是指将可燃气体在空气中加热时,开始并继续燃烧的最低温度,也叫燃点或着火点。可燃物着火温度不是一个固定数值,它取决于可燃气体的压力、燃烧空间的形状与大小以及在空气中的浓度及混合程度,当燃烧环境散热能力越强,着火温度将越高。

天然气的着火温度一般为537~750℃，天然气的最小点火能量为0.31J，甲烷的着火温度为540℃。

4. 热值

天然气热值为其完全燃烧（燃烧反应后生成最稳定的氧化物或单质）所发出的热量，用每千克或每立方米千焦表示，单位为kJ/m^3。天然气热值有高热值（或总热值）和低热值（或净热值）之分。天然气自身完全燃烧后发出的热量加上燃烧生成的水蒸气又凝析成水所放出的汽化潜热的热值为高热值，水的汽化潜热为$2256.7kJ/kg$。气体燃烧时，由于烟筒内烟道气温还很高，水蒸气常不可能凝析成水，汽化潜热常不能利用，所以低热值就是从高热值中减去这部分汽化潜热所获得的净热值，工程上通常用的是这部分热值。

在实际工作中，常遇到燃气之间的热值换算。焦（J）、卡（cal）是功、能和热量常用单位，其换算关系为：

$$1MJ = 1000kJ = 1 \times 10^6 J$$
$$1000cal = 1kcal = 4.186kJ = 4186J$$

由于天然气是混合气体，不同的组分以及组分的不同比例，都会有不同的热值，表1.1-3为几个不同产地的天然气热值。

不同种类的天然气热值　　　　　　　　　　　　　　表1.1-3

天然气种类	热值（MJ/m^3）	
	高热值	低热值
大庆石油伴生气	40.403	36.442
大港石油伴生气	52.833	48.383
四川干气	48.077	43.643

5. 爆炸极限

可燃气体和空气的混合物遇明火而引起爆炸时的可燃气体浓度范围称为爆炸极限。但并非任何比例的可燃气体与空气混合都会成为爆炸混合气体，只有在可燃气体与空气的混合气体中可燃气体的浓度在一定范围时，遇火源才能发生爆炸，此范围是从爆炸下限的某一最小值到爆炸上限的某一最大值。在这种混合气体中，当可燃气体的含量减少到不能形成爆炸混合气体时的含量，称为可燃气体的爆炸下限，而当可燃气体含量一直增加到不能形成爆炸混合气体的含量，称为爆炸上限。

由于天然气的组分不同，爆炸极限存在差异。大庆石油伴生气是4.2%~14.2%，大港石油伴生气是4.4%~14.2%。通常将甲烷的爆炸极限视为天然气爆炸极限，因此天然气的爆炸极限约为5%~15%。

产生爆炸必须同时具备以下三个条件：

（1）存在可燃气体、液体，易燃液体的蒸汽或薄雾。

（2）上述气体按一定的比例与空气或氧气相混合，形成爆炸性气体混合物，同时具有足够的量，其浓度在爆炸极限以内。

（3）存在足够引燃该混合物的引燃能量，如火花、电弧或高温。

常见几种气体的热值和爆炸极限见表1.1-4。

常见几种气体的热值和爆炸极限　　　　　　表 1.1-4

气体	分子式	高热值（MJ/m³）	低热值（MJ/m³）	爆炸上限（％）	爆炸下限（％）
甲烷	CH_4	39.842	35.902	15.0	5.0
乙烷	C_2H_6	70.351	64.397	13.0	2.9
丙烷	C_3H_8	101.266	93.240	9.5	2.1
一氧化碳	CO	12.636	12.636	74.2	12.5
氢气	H_2	12.745	10.786	75.9	4.0
硫化氢	H_2S	25.348	23.368	45.5	4.3

6. 沸点和露点

(1) 沸点

通常所说的沸点是指 101.325kPa 压力下液体沸腾时的温度。也就是说当气体温度低于沸点温度时，气体主要以液体形式存在；高于沸点温度时液态的气体将发生剧烈的汽化现象，气体将从液态转化为气态。

由于甲烷的沸点较低，天然气的主要成分是甲烷，天然气沸点可近似为甲烷的沸点－162.6℃。

(2) 露点

在一定压力下，随着温度的降低，气体开始凝结为液体时的温度称为露点。露点随混合气体的压力及各组分的体积分数而变化，混合气体的压力增大，露点升高。

(3) 天然气水露点：在一定压力下，天然气中开始析出水时的温度（即高于此温度时无冷凝水出现）。水露点越高，越容易析出水，液态的水对管道会造成腐蚀、水堵等影响，当天然气温度低于冰点时，析出的水会结冰，造成冰堵。

(4) 烃露点：在一定压力下，第一滴烃类液体析出时的温度（即高于此温度时无冷凝现象出现）。比如丙烷在 101.325kPa 下的露点是－42.07℃，但当压力增大到 0.8MPa 时，其露点就上升为 20℃。

7. 气体的临界参数

任何一种气体当温度低于某一数值时都可以等温压缩成液体，但当高于该温度时，无论压力增加到多大，都不能使气体液化。

可使气体压缩成液体的这个极限温度称为该气体的临界温度。当温度等于临界温度时，使气体压缩成液体所需的压力称为临界压力。此时的状态称为临界状态。气体在临界状态下的温度、压力、比体积、密度分别称为临界温度、临界压力、临界比体积和临界密度。天然气的临界参数随组成而变化，没有恒定的数值，通常要通过实验的方法才能较准确地测定。

8. 水合物

天然气水合物是分布于深海沉积物或陆地的永久冻土中，由天然气与水在高压低温条件下形成的类冰状的结晶物质。因其外观像冰一样而且遇火即可燃烧，所以又被称作"可燃冰"。水合物是不稳定的结合物，在低压或高温的条件下，易分解为气体和水。

(1) 水合物的生成条件

如果碳氢化合物中的水分超过一定含量，在一定温度压力条件下，水能与液相和气相的 C_1、C_2、C_3 和 C_4 生成结晶水合物 $C_mH_n \cdot xH_2O$（甲烷，$x=6\sim7$；乙烷，$x=6$；丙烷及异丁烷，$x=17$）。水合物在聚集状态下是白色的结晶体，或带铁锈色，依据它的生成条件，一般水合物类似于冰或致密的雪。

(2) 天然气水合物的危害

天然气水合物一旦形成后，它与金属结合牢固，会减少管道的流通面积，产生节流，并进一步加速水合物的形成，从而造成管道、阀门和一些设备的堵塞，严重影响管道的安全运行。

(3) 天然气水合物的预防

为防止天然气水合物的形成可采取如下两种方法：

1) 采用降低压力、升高温度、加入可以使水化物分解的反应剂。

2) 脱除气体中的水分，使其水含量降低到不致形成水化物的程度。

1.1.4 天然气生产的产品

天然气是以饱和烃组成的气体燃料。天然气的产品按烃类组成可以分为：

1. 甲烷产品

天然气的主要成分是甲烷，用作气体燃料或化工原料。按产品形态又可分为气态的管道输送天然气和液态的液化天然气。

(1) 管输天然气

管道输送的天然气主要成分是甲烷。这是天然气产品中产量最大的一种产品，无论是用作燃料还是用作原料，用户常以管道气接收。

(2) 液化天然气

液化天然气（LNG）是在常压下将天然气冷却到 -162℃ 使其液化制取。液化天然气是以甲烷为主的液烃混合物，其组成一般为：甲烷 $80\%\sim90\%$，乙烷 $3\%\sim10\%$，丙烷 $0\sim5\%$，丁烷 $0\sim3\%$。

天然气液化使天然气以液态形式存在，其体积缩小为约气态时的 1/600，适合用车船运输，由此出现了除管道输送外的另一种运输方式，以致天然气的远洋运输和贸易成为可能。液化天然气不仅为天然气输送提供了另一种运输方式，而且也可解决天然气的储存问题。液化天然气广泛应用于天然气输配的调峰储存，提高了城市燃气和电厂供气的稳定性，大大促进了天然气市场的发展。

2. 乙烷产品

采用冷凝法从天然气内得到的液态烃称为天然气凝析油（NGL），用分馏法可由天然气凝析油得到乙烷、丙烷、丁烷和天然汽油等。乙烷单体可作为石油化工厂乙烯原料。

3. 丙烷产品

丙烷除用作工业、民用燃料外，也可用作石油化工厂原料。

4. 丁烷产品

丁烷除用作控制汽油蒸气压的添加剂，或用作工厂原料；也可作为石油化工厂烷基化工艺原料。

丙烷（C_3）、丁烷（C_4）的液态混合物称作液化石油气（LPG），其发热量高（约 83.7～125.6MJ/m³），运输和存储方便，是优质的民用燃料，也可作为汽车的清洁替代燃料。

5. 戊烷

戊烷（C_5）称为天然汽油或稳定轻烃，可用作炼厂重整工艺原料。

1.1.5 压缩天然气的特性

1. 定义

压缩天然气简称 CNG，压缩天然气指压缩到压力大于或等于 10MPa 且不大于 25MPa 的气态天然气，是天然气加压并以气态储存在容器中。

2. 压缩天然气特点

压缩天然气与管道天然气的组分相同，主要成分为甲烷（CH_4），压缩天然气比标准状态下的天然气密度更大。作为汽车燃料压缩天然气具有成本低、效益高、无污染、使用安全便捷等特点，正日益显示出强大的发展潜力。

3. 压缩天然气的技术指标

根据《车用压缩天然气》GB 18047—2000，车用压缩天然气技术指标见表 1.1-5。

压缩天然气技术指标 表 1.1-5

项 目	技术指标
高热值（MJ/m³）	>31.4
硫化氢（mg/m³）	≤15
总硫（以硫计）（mg/m³）	≤200
二氧化碳（体积分数）	≤3%
氧（体积分数）	≤0.5%
水露点	在汽车驾驶点特定地理区域内，在最高操作压力下，水露点不应高于-13℃；当最低气温低于-8℃，水露点应比最低气温低5℃

注：本标准中气体体积的标准参比条件是 101.325kPa，20℃。

标准中还规定车用压缩天然气中固体颗粒直径应小于 $5\mu m$；在操作压力和温度下，压缩天然气中不应存在液态烃；压缩天然气应能闻出明显臭味，无臭味或臭味不足的天然气应加臭；车用压缩天然气在使用时，应考虑其抗爆性；另外，必须对天然气产品水露点进行定期检验，以确保压缩天然气中不含液态水。

1.2 典型工艺介绍

1.2.1 脱硫脱碳工艺

来自地下储层的天然气通常不同程度地含有 H_2S、CO_2 和有机硫化物等酸性组分，在开采、集输和处理时会造成设备和管道腐蚀，而且含硫组分往往有毒、有害并具有难闻的臭味，会污染环境和威胁人身安全；当天然气用作化工原料时，还会引起催化剂中毒，同时，CO_2含量过高将降低天然气的热值。因此，必须严格控制商品天然气中H_2S、CO_2的含量，其允许值视其用途而定。对于管输天然气，一般要求H_2S含量应低于$20mg/m^3$，CO_2的体积分数不超过3%；而用作化工原料时，则要求硫含量小于$1.0mg/m^3$。

当天然气中H_2S、CO_2等酸性组分含量超过商品气气质标准时，必须进行脱除处理。从酸性天然气中脱除H_2S、CO_2等酸性组分的工艺过程称为脱硫脱碳或脱酸气。若该过程主要是脱除H_2S和有机硫化物则称为天然气脱硫，若主要是脱除CO_2则称为脱碳。

1. 天然气脱硫脱碳的方法分类

天然气脱除酸性组分的方法很多，根据脱硫剂的形态，可分为干法和湿法。干法以固体作脱硫剂，硫脱除率高，但再生困难，而且硫容（单位体积或单位质量溶剂可吸收的硫的质量）低，因此应用较少。湿法以溶液作脱硫剂。按照脱硫脱碳过程本质，又可分为化学吸收法、物理吸收法、物理化学吸收法以及氧化还原法、膜分离法等。

（1）化学吸收法

化学吸收法以可逆化学反应为基础，采用碱性溶液与天然气中的酸性组分（H_2S、CO_2）反应生成某种化合物而脱硫脱碳。吸收了酸性组分的碱性溶液在再生（升高温度、降低压力）时又能使生成的化合物分解而放出酸气。这类方法中最具代表性的是醇胺法和碱性盐溶液法。

目前，醇胺法是天然气脱除酸性组分最常用的方法，所使用的醇胺溶液有一乙醇胺（MEA）、二乙醇胺（DEA）、三乙醇胺（TEA）、二甘醇胺（DCA）、二异丙醇胺（DIPA）、甲基二乙醇胺（MDEA）以及配方醇胺溶液、空间位阻胺等。

属于碱性盐溶液法的有改良热钾碱法（Catacarb法、Benfield法）和氨基酸盐法等，主要用于脱除CO_2。

（2）物理吸收法

该法利用H_2S、CO_2等与短烃在物理溶剂中溶解度的差异而将天然气中的酸性组分脱除。一般在高压和较低温度下进行吸收，在压力降低时进行溶液再生，适合于处理酸气分压高的天然气。物理吸收法具有溶剂不易变质、比热容小、腐蚀性小以及能脱除有机硫化物（RSH、COS和CS_2）等优点。但是物理溶剂对重烃的溶解度较大，不宜用于重烃含量高的天然气。同时受溶剂再生程度的限制，物理吸收法净化效果不如化学吸收法，当要求较高的净化度时则需采用汽提等再生措施。

目前，常用的物理吸收法有乙二醇二甲醚（Selexol）法、冷甲醇（Rectisol）法以及碳酸丙烯酯（Flour Solvent）法等。

（3）物理化学吸收法

物理化学吸收法又称联合吸收法或混合溶液法，使用的溶剂是醇胺、物理溶剂和水的混合物，兼有物理吸收法和化学吸收法的特点。在物理化学吸收法中，砜胺法（Sulfinol）应用最广泛，包括环丁砜法—甲基二乙醇胺（Sulfinol—M法、环丁砜—二异丙醇胺（Sulfinol—D）法，以及Selefining法、Optisol法、Amisol法等。

（4）氧化还原法

氧化还原法又称为直接转化法或湿式氧化法，它以氧化还原反应为基础，用液相氧载体将碱性溶液吸收的H_2S氧化为元素硫，然后利用空气使溶液再生。这类方法主要有Lo-

Cat法、Lo-CatⅡ法、Sulfolin法（含钒及有机氮化物溶液）、Sulferox法（总铁浓度高达4%的配位铁溶液）、Unisulf法。

(5) 膜分离法

膜分离法利用H_2S、CO_2等酸性组分与烃类组分在压力的推动下透过薄膜的传递速率不同，而从天然气中脱除酸性组分。

膜分离法是20世纪70年代发展起来的一种新型分离方法，能耗低，适用于粗脱。

(6) 其他类型的方法

除了上述脱硫方法外，还可以使用低温分离、分子筛和生物化学等方法脱除天然气中H_2S、CO_2以及有机硫等组分。另外，非再生性的固体和液体脱硫剂以及浆液脱硫剂多用于处理低H_2S含量的天然气。

2. 脱硫脱碳方法原理及特点

国内外已报道的脱硫脱碳方法有近百种，各类脱硫脱碳方法及其工艺特点如表1.2-1所示。

天然气脱硫脱碳方法及特点　　　　　　　　表1.2-1

类别		处理剂	方法名称	方法原理	主要特点	适应性
化学方法类	醇胺法	醇胺溶液	MEA法、DEA法、TEA法、DGA法、DIPA法、MDEA法、SNPA-DEA法、Flexsorb SE法、Flexsorb HP法等	醇胺溶液具有碱性，可在常温下与H_2S、CO_2反应，然后升温降压再生放酸气，醇胺溶液循环使用	净化度高，既可完全脱除H_2S和CO_2，也可选择性脱除H_2S；烃溶解少，有机脱除效率不高；工业经验丰富	对不同天然气组成有广泛的适应性
	热钾碱法	加有活化剂的K_2CO_3溶液	Benfield法、Cata-carb法、双活化法等	以热钾碱液在较高温度下吸收酸气，然后降压再生放出酸气，碱液循环使用	净化度不如醇胺法，但能耗较醇胺法低	宜用于合成气脱CO_2
	氧化还原法	含有氧载体的溶液	Lo-Cat法、Sulferfd法、Stretford法、Sulfolin法、Unisulf法、PDS法等	以中性或微碱性溶液吸收H_2S，其中的氧载体可将其转化为元素硫，利用空气再生溶液后，循环使用	H_2S净化度高，将脱硫和硫回收合为一体，一般不脱除CO_2；溶液循环量大，再生能耗低，有废液处理问题	适用于低H_2S含量的天然气脱硫，也可处理贫H_2S酸气
	非再生性方法	可与H_2S发生反应的固体或流体	海绵铁法、氧化铁浆法、Sulfa Treat法、Sulfa—Scrub法等	使用氧化铁、锌盐、三嗪等固体、浆液或液体与H_2S反应而将其脱除，反应产物废弃	净化度高，脱除H_2S而不脱CO_2，投资费用低，有废料处理问题	适用含硫量很低的气体脱硫

续表

类别		处理剂	方法名称	方法原理	主要特点	适应性
物理方法类	物理吸收法	H_2S、CO_2有高溶解度而短烃溶解度低的有机溶剂	Selexol法、Flour Solvent法、Rectisol法、IFPexol法、Purisol法、Morphysorb法等	利用H_2S在溶剂中的高溶解度而脱除酸气，通过降压闪蒸等措施使溶液再生，然后循环使用	达到高净化度较困难，溶液负荷与酸气负荷成正比，能耗低，有烃的损失问题，溶剂较贵	适于天然气酸气分压高且重烃含量低的工况
	分子筛法	13X型、5A型等分子筛		利用分子筛吸附H_2S及有机硫，然后升温使之解析，分子筛床层切换使用	有很高的净化度，流程十分简单，能耗低，但有烃的损失	适于已脱除H_2S的天然气进一步脱除硫醇
	膜分离法	可将H_2S、CO_2与CH_4等烃类分离的薄膜	Prism法、Gasep法、Delsep法、separex法等	利用酸气和烃类渗透通过薄膜性能的差异而脱除酸气，特别是CO_2	难以达到高的净化度，流程十分简单，能耗低，但有短的损失问题	适于高酸气浓度的天然气处理，可作为粗脱步骤
	低温分馏法		Ryan-Holmes法	通过天然气的低温分馏而除去CO_2、H_2S等，以C_{4+}为添加剂防止固体CO_2生成，并解决C_2-CO_2共沸问题	能耗高，但可将NGL回收和酸气分馏融为一体，从而生产多种产品	适用于CO_2去伴生气的处理
物理化学类	物理化学吸收法	醇胺与物理溶剂组合的溶液	Sulfinol-M法、Sulfinol-D法、Amisol法等	在较高酸气分压下，溶液除化学吸收酸气外，还有较高的酸气溶解度，降压升温可使酸气解析，溶液循环使用	净化度高，有机硫脱除效率高，高H_2S分压下能耗显著低于醇胺法，酸气中烃含量高于醇胺法，溶液价格较贵	适于含有机硫天然气的处理，重烃含量高时不宜采用
生化类	生化法	含有可促进溶液脱硫或溶再生的细菌的溶液	Bio-SR法、Shell-Paquas法等	溶液吸收H_2S后，细菌将H_2S转化为元素硫，或促进溶液再生，溶液循环使用	与氧化还原法相比没有有机物的化学降解问题，不脱除CO_2，需供给细菌营养料	尚待进一步发展，适于低H_2S含量的天然气脱硫

1.2.2 脱水工艺

井口流出的天然气几乎都为气相水所饱和,甚至会携带一定量的液态水。天然气中水分的存在往往会造成严重的后果:含有 CO_2 和 H_2S 的天然气在有水存在的情况下形成酸而腐蚀管路和设备;在一定条件下形成天然气水合物而堵塞阀门、管道和设备;降低管道输送能力,造成不必要的动力消耗。水分在天然气中的存在是有百害而无一利的事,因此,需要脱除天然气中的部分水分,以满足管输和用户的需要;对于天然气液化和提氮过程,则对脱水的要求更为严格。通常将从天然气中脱除水分的过程称为天然气脱水。

天然气脱水的方法一般包括低温法、溶剂吸收法、固体吸附法、化学反应法和膜分离法等。低温法脱水是利用高压天然气节流膨胀降温或利用气波机膨胀降温而实现的,这种工艺适合于高压天然气;而对低压天然气,若要使用则必须增压,从而影响了过程的经济性。溶剂吸收法和固体吸附法目前在天然气工业中应用较广泛。表 1.2-2 列出了天然气脱水方法的情况。

天然气脱水方法　　　　　　　　表 1.2-2

方法名称	分离原理	脱水剂	特　点	应用情况
低温法	高压天然气节流膨胀降温		能同时控制水露点、烃露点	适宜于高压天然气
溶剂吸收法	天然气与水在脱水溶剂中溶解度的差异	氯化钙水溶液	费用低,需更换,腐蚀严重,露点降较低(10~25℃)	适宜于边远、寒冷、气井等不宜建脱硫厂的情况
		氯化锂水溶液	对水有高的容量,露点降为 22~36℃	由于价格昂贵一般不使用
		甘醇—胺溶液	同时脱除水、H_2S、CO_2,携带损失大,再生温度要求高,露点降低于三甘醇水溶液	仅限于酸性天然气脱水
		二甘醇水溶液(DEG)	对水有高的容量,溶液再生容易,再生质量分数不超过95%;露点降低于三甘醇水溶液,携带损失大	应用较多
		三甘醇水溶液(TEG)	对水有高的容量,再生容易,质量分数达98.7%,蒸汽压低,携带损失小,露点降较高(28~58℃)	应用最普遍
固体吸附法	利用多孔介质对不同组分吸附作用的差异	活性铝土矿	便宜,湿容量低,露点降较低	
		活性氧化铝	湿容量较活性铝土矿高,干气露点可达-73℃,能耗高	不宜处理含硫天然气

续表

方法名称	分离原理	脱水剂	特　点	应用情况
固体吸附法	利用多孔介质对不同组分吸附作用的差异	硅胶	湿容量高，易破碎，可吸附重烃，露点降可达80℃	一般不单独使用
		分子筛	高湿容量，高选择性，露点降大于120℃，投资及操作费用高于二甘醇及三甘醇	应用于深度脱水
化学反应法	利用与 H_2O 的化学反应	氯化钙（$CaCl_2$）	可使气体完全脱水但再生困难	用于水分测定
膜分离法	利用 H_2O 与烃类渗透通过薄膜性能的差异	高分子薄膜	工艺简单，能耗低，露点降较低，存在烃的损失问题	国外已有工业装置运行

2 CNG 加气母站

CNG 加气母站是从站外天然气管道中取气,经过工艺处理并增压后,通过加气柱给 CNG 车载储气瓶组充装 CNG 的场所。CNG 加气母站常建在城市门站处或天然气主管道附近,这些地方天然气压力远高于城市管网中的天然气压力,所以 CNG 加气母站的进气压力较为稳定,不易受用气高峰的影响而产生波动。通常常规加气量在 2500~4000m³/h(标准立方每小时)之间。CNG 加气母站的基本组成包括预处理及调压计量、脱水、脱硫、压缩、存储、售气等系统。

2.1 CNG 加气母站构成

2.1.1 CNG 母站工艺流程

从管道输送来的原料天然气进站后,先经进站气动阀,经过调压装置调压;然后进入脱硫装置脱硫塔脱硫,硫含量控制在 15mg/m³ 以下;天然气经过脱硫后进入脱水装置进行脱水处理,使天然气的露点达到规定指标(−55℃);出脱水装置进缓冲罐,干燥后的气体通过缓冲罐进入压缩机加压。经多级压缩加压至 25MPa,压缩后的高压气体分为两路:一路通过顺序控制盘,进入储气井,再通过加气机给 CNG 燃料汽车充装 CNG;另一路进加气柱给 CNG 槽车充装 CNG。图 2.1-1 为典型 CNG 加气母站工艺流程图。

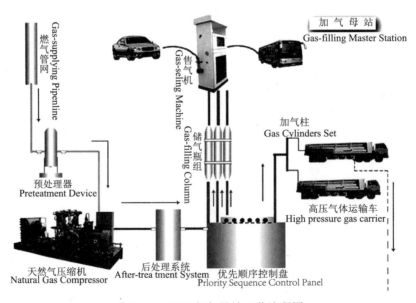

图 2.1-1 CNG 加气母站工艺流程图

2.1.2 CNG加气母站设备构成

CNG母站主要由调压计量装置、脱硫装置、脱水装置、压缩机组、加气机、排污系统、消防系统、可燃气体报警系统、自控系统及数据上传系统组成。下面介绍常见的CNG母站。

1. 调压计量装置

CNG加气母站通常需要配置调压计量装置，调压计量装置主要由过滤器、调压器、紧急切断阀、流量计等组成。从管道输送来的原料天然气进站后，先经进站气动阀，经精度为5μm的过滤器过滤，再经精度为±1%的流量计计量，经调压装置调压。当进站压力超过1.1MPa，计算机自动报警，关断进站气动阀并做自动记录；自动记录进站瞬时、累计流量，当流量超过设定流量，计算机自动报警，关断进站电磁阀并作自动记录，此处着重介绍调压器和过滤器。

（1）调压器

1）概念

燃气调压器俗称减压阀，也叫燃气调压阀，是通过自动改变经调节阀的燃气流量，使出口燃气保持规定压力的设备。

2）调压器分类

调压器的种类较多，可以从适用用途、压力、作用原理上加以区分。

①按用途分

按用途分为专用调压器、用户调压器、区域调压器。

专用调压器是专为某一单位的特殊需要而设置，如玻璃厂、冶炼厂等大型工业用户，一般需要高于区域供应压力的气源，因此必须为它们设置专用调压器；用户调压器是一种小型调压器，一般用于一幢楼或一户居民。民用液化石油气的减压阀也是一种用户调压器。用户调压器一般分为高压—低压、中压—低压两种；区域调压器是用于供应某一地区的居民用户或企事业单位用户的调压器，称为区域调压器。在三级制供气城市中一般为高压—中压、中压—低压调压器。

②按压力划分

为了明确表示调压器的压力性能，根据调压器的进口压力与出口压力的级别加以区分，分为：低—低压；中压A—低压；中压B—低压；中压A—中压B；高压—中压A；高压—中压B；超高—高压。

③按作用原理划分

按作用原理调压器分为直接作用式和间接作用式两种。直接作用式调压器只依靠敏感元件所感受的出口压力变化对阀门进行移动和调节。敏感元件就是传动装置的受力元件，使调节阀门移动的能源是被调介质。

3）直接作用式调压器

直接作用式调压器由测量元件（薄膜）、传动部件（阀杆）和调节机构（阀瓣）组成，如图2.1-2所示。

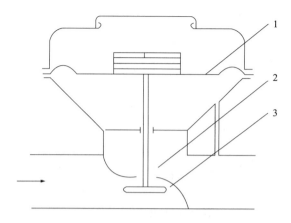

图 2.1-2 直接作用式调压器结构图
1—薄膜；2—阀杆；3—阀瓣

当出口后的用气量增加或进口压力降低时，出口压力就下降，这时由导压管反映的压力使作用在薄膜下侧的力小于膜上重块（或弹簧）的力，薄膜下降，阀瓣也随着阀杆下移，使阀门开大，燃气流量增加，出口压力恢复到原来给定的数值。反之，当出口后的用气量减少或进口压力升高时，阀门关小，流量降低，仍使出口压力得到恢复。出口压力值由调节块的重量或弹簧力来给定。

4) 间接作用式调压器

间接作用式调压器是由指挥器内出口压力和调压弹簧的相互作用调定一个负载压力来控制调压器主阀阀口的开度，从而改变调压器流通通道的大小。间接作用式调压器由指挥器、主调压器和排气阀组成。

指挥器的主要功能是为了增加调压器的敏感性。如图 2.1-3 所示，当指挥器感应到下游压力 p_2 的变化，再将它转化成流量的更大变化值，这样调压器对于流量需求改变的相应程度（敏感性）将会增加。此外，压力偏差也可以大大地减小，从而减小它对调压器精确度和流量的影响。

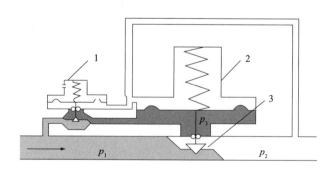

图 2.1-3 间接作用式调压器结构图
1—指挥器；2—主调压器；3—阀瓣
p_1—入口压力；p_2—出口压力；p_3—负载压力

(2) 过滤器

1) 概念

燃气过滤器是输送介质管道上不可缺少的一种装置，通常安装在减压阀、泄压阀、定位阀或设备的进口端，用来消除介质中的杂质，以保护阀门及设备的正常使用，减少设备维护费用。

2) 过滤器分类

过滤器结构有角式、直通式和交叉式等形式。由于燃气管道中存在一些颗粒性介质，燃气自身也含有固体颗粒以及液体杂质，这些杂质会给计量及调压装置带来很大的损害。过滤器在燃气调压计量设备的正常运行中起到了重要作用。

3) 工作原理

图 2.1-4 为筒式过滤器，过滤器包括滤筒、差压表、排污阀。滤筒内常用滤芯的过滤精度为 $5\mu m$ 或 $20\mu m$。气体进入过滤器，在通过过滤介质时，气体中的大部分固体颗粒或液体杂质被截留下来，气体中含有的剩余液滴被除去。

图 2.1-4　筒式过滤器
1—滤筒；2—差压表；3—排污阀

由于 CNG 加气站接收的天然气经过上游的净化、过滤处理，因此在加气站一般采用单级过滤器，过滤精度为 $10\mu m$ 或 $20\mu m$。当设置粗、细两级过滤时，粗过滤器精度为 $50\mu m$，精过滤器精度为 $5\mu m$ 或 $10\mu m$，过滤器的效率为98％。

2. 脱硫装置

(1) 概念

H_2S 不仅有剧毒，而且腐蚀性极强，对加气站和天然气汽车都具有一定的危害，所以进站原料天然气硫含量超标必须进行脱硫。根据国家相关规范规定，CNG 加气站出站压缩天然气硫化氢含量应不大于 $15mg/m^3$。脱硫装置是 CNG 加气站保证压缩天然气质量的重要设备。

(2) 工作原理

脱硫装置主要由脱硫塔及其附属设备组成，有的脱硫装置还配有风机和分离器等。固体脱硫塔由床层支撑板，顶部和底部的气体进口、出口管嘴，装料口，排料口，测试接口,排污口以及压力计插孔等组成。在脱硫塔底部床层支撑板上应铺上一层网孔小于 $\phi5$ 的不锈钢丝网,在丝网上铺一层厚 80～100mm、$\phi20~30$ 的耐火瓷球,之后再铺两层网孔小于 $\phi5$ 的不锈钢丝网。从调压计量装置来的天然气进入加湿器底部,从其上部出来经管路从脱硫塔的顶部进入,此时脱硫塔的脱硫剂实施脱硫净化,脱除 H_2S 的天然气由脱硫塔的下部出来经出口管路去脱水装置。脱硫装置工艺流程如图 2.1-5 所示。

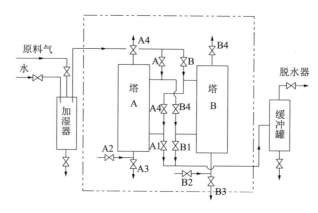

图 2.1-5　脱硫装置工艺流程图

进站原料气含硫量高于 $15mg/m^3$ 时,需进行脱硫处理。CNG 加气站采用脱硫方式主要为干法脱硫和湿法脱硫。采用干法脱硫的脱硫剂是固体 F_2O_3 为脱硫剂,F_2O_3 主要吸收天然气中的 H_2S。

再生:将脱硫塔放空阀打开与大气相通,缓慢放出塔内余气,再打开空气进气阀,使空气进入塔内,此时脱硫塔内的脱硫剂实施自然再生。

为了保证装置连续操作,脱硫装置通常为双塔结构,双塔可同时工作,也可一塔生产,一塔再生。脱硫剂在脱出一定量的硫化氢后将失效,此时需要再生或更换新的脱硫剂。

3. 脱水装置

(1) 概念

CNG 加气母站通常采用低压脱水装置,低压脱水是在压缩前将天然气中存在的水分脱除,给天然气压缩机提供较好品质的天然气。

(2) 工作原理

低压脱水装置放置在压缩机一级入口之前,采用闭式回路进行循环再生,图 2.1-6 为 LDN90-2.0/2.5A-N 型脱水装置流程图。原料天然气经过前置过滤器过滤后经过①/⑤气动球阀进入脱水塔 A、脱水塔 B 吸附脱水。脱水的天然气经过气动阀④/⑧,再经过后置过滤器,经过在线露点分析仪检测后,进入压缩机。

脱水装置再生流程为循环风机将低压天然气输送到主加热器和辅加热器加热,加热到指定温度后从与吸附过程介质流向相反的方向进入脱水塔 A、脱水塔 B,携带着水蒸气的高温天然气从脱水塔出来后,进入风冷器进行热交换,之后进入分离器分离出液态水。再生气从分离器出来又进入循环风机入口,形成再生气的闭式循环,直到脱水剂再生合格,停止加热器加热,继续进行再生气的循环冷吹。当进行再生的脱水塔温度降为设定温度后,停止风机运行,结束冷吹过程。

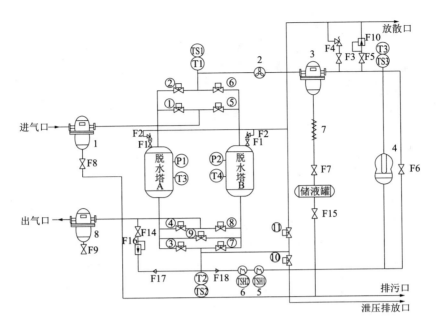

图 2.1-6　LDN90-2.0/2.5A-N 型脱水装置工艺流程

1—前置过滤器；2—风冷器；3—分离器；4—循环风机；5—主加热器；
6—辅加热器；7—电热带；8—后置过滤器

脱水塔内分子筛的脱水深度取决于再生温度和压力，再生温度越高，压力越低，再生后的分子筛脱水深度越高。天然气脱水后水露点应低于最高操作压力下当地最低环境温度5℃。

（3）低压脱水的优点

1）可以延长压缩机气阀、活塞环、填料函等运动密封件的使用寿命。

2）整个脱水系统压力等级较低。

3）设计、制造、检验、运行、维护管理都较简便。

4）一次性投资费用少，实际运行成本较低。

4. 压缩机组

CNG加气母站压缩机组成系统主要包括气体压缩系统、润滑油系统、循环水系统及仪表风系统。

（1）气体压缩系统

压缩机是一种应用广泛的通用机械，有往复式、离心式、螺杆式等多种形式。CNG加气站使用的大都是具有曲柄连杆的往复活塞式压缩机，简称往复式压缩机或活塞式压缩机。往复活塞式压缩机属于容积型压缩机。

活塞式压缩机可根据主要技术特性及结构特性进行分类。按生产能力分为微型、小型、中型、大型压缩机；按排气压力分为低压、中压、高压、超高压压缩机；按气缸中心线布置分为立式、卧式、角式、对称平衡式、对置式压缩机；按级数分为单级、双级、多级压缩机；按气缸工作容积分为单作用、双作用、级差式压缩机；按压缩机的列数（即连杆数）分为单列、双列和多列压缩机；按冷却方式分为风冷式和水冷式压缩机；按所处理介质的不同分为空气压缩机、氮氢气压缩机、二氧化碳压缩机等。

活塞式压缩机的结构原理见图 2.1-7，曲柄 1 的旋转运动通过来回摆动的连杆 2 转换成十字头 3 的往复运动，用于实现气体压缩的活塞 7 通过一根细长的活塞杆 4 连接在十字头上，与十字头同步往复运动。活塞同轴地安装在圆筒形气缸 10 内，气缸的一端或两端设有端盖，相应的前部和后部端盖称为缸盖和缸座。活塞、气缸、缸盖及缸座共同围合成的封闭空间就是用于进行气体压缩的工作腔，当活塞在十字头带动下做往复运动时，工作腔容积做周期性变化，即可实现气体的吸入、压缩和排出。

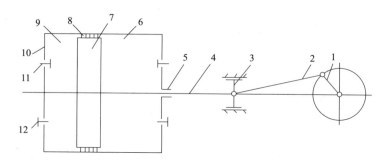

图 2.1-7 活塞式压缩机结构原理图

1—曲柄；2—连杆；3—十字头；4—活塞杆；5—填料；6,9—工作腔；
7—活塞；8—活塞环；10—气缸；11—吸气阀；12—排气阀

CNG 加气母站采用的活塞式压缩机又分为对置式压缩机和对称平衡式压缩机。

1) 对称平衡式压缩机

压缩机相对两列气缸的曲柄错角为 180°，惯性力可完全平衡，转速能提高，相对列的活塞力能互相抵消，减少了主轴颈的受力与磨损。多列结构中，每列串联气缸数少，安装方便，产品变型较卧式和立式容易。多列时零件的数目较多，机身和曲轴较复杂。

在对称平衡型压缩机中，电动机布置在曲轴一端的称为 M 型，电动机布置在列与列之间的称为 H 型，见图 2.1-8。

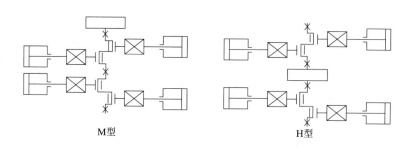

图 2.1-8 对称平衡式压缩机几种型式

H 型的优点是：列间距较大，便于操作维修，机身和曲轴的结构和制造方便。缺点是：列数只能成 4 列、8 列或 12 列配置，变形不如 M 型方便，机身安装校正困难，如果基础产生不均沉降则影响较大。

M 型的优点是：安装简单，增加列数的可能性较大，利于变形。缺点是：机身和曲轴的刚度不如 H 型，且机身和曲轴的制造比 H 型困难。

2）对置式压缩机

压缩机相邻两列曲柄错角不等于180°，根据气缸布置的不同又分为两种。一种是相对的气缸中心线不在一条直线上，制成3、5、7、9等奇数列。另一种是曲柄两侧的气缸中心线在一条直线上，十字头为框架式结构，运动机构为两侧气缸所共用，两端柱塞分别固定在十字头两侧，这种结构用在超高压压缩机上。

（2）润滑油系统

1）注油管路

注油泵主要包括润滑气缸及填料部分。注油泵工作原理：凸轮轴转动时，杠杆上的滚动轮推动柱塞做上下往复运动。柱塞向下运动时，注油管路单向阀关闭，视油罩内产生真空，吸油管路单向阀开启，润滑油通过滴油管吸入视油罩中，通过油孔流到柱塞上部油室中。柱塞向上运动时，吸油管路单向阀关闭，注油管路单向阀开启，油室中的润滑油流出到润滑点。转动注油器调节螺套也就控制了柱塞行程大小，从而实现对油量的调节，压缩机注油器柱塞移动的形式是往复式。注油器逆止阀的作用是防止返气。压缩机注油器是柱塞油泵供油系统主要设备之一。

为了增加活塞环、密封环的使用寿命配备了一套给气缸、填料少量注油的装置，包括注油器、止回阀和管线等。一个注油点每分钟注油8～10滴。润滑油采用19号压缩机油。

2）循环油管路

循环油管路包括齿轮油泵、吸油过滤器、单筒过滤器等。齿轮油泵位于机身一端，由曲轴带动。

齿轮油泵的油压可由泵体上的回油阀调节，油压过高时，油推开阀门溢流回油池，单筒过滤器上装有过滤前油压表和过滤后油压接点。过滤后的油压表装在控制室操作台上。两个压力表的压差确定过滤器的脏污程度，油泵的工作油压为0.2～0.3MPa。循环油管路还另设有一个预润滑油泵，每次开机前应先打开预润滑油泵润滑曲柄连杆机构，避免烧坏十字头体。机身油池内的润滑油经吸油过滤器过滤后被预润滑油泵加压到0.2～0.4MPa后，经单筒过滤器过滤后去曲轴油孔润滑连杆大头轴承，再通过连杆的油孔到十字头销润滑十字头销和滑道，润滑油采用《L-AN全损耗系统用油》GB 443—1989规定的N68号机械油，润滑油的性质应符合相应牌号的规定。推荐采用HM68号抗磨液压油。

（3）仪表风系统

仪表风系统的作用是为控制系统提供干燥、洁净的压缩空气，供气动执行器使用，使系统电磁阀、气动执行器能长期稳定工作。仪表风系统是由空气压缩机、主管路过滤器、干燥器、微油过滤器和储气罐组成。空气经过空气压缩机（简称空压机）提高压力，再经过精密过滤器、高效除油器除去空气中的杂质、灰尘、部分水分和从空压机中携带出的微量油，送至微热再生吸附式干燥机脱除空气中的水分，再经过粉尘过滤器去除空气中的微粒后送至仪表风储罐中，经过缓冲和储存后供给用气单位使用。CNG加气站需要压缩空气的设备有：进站天然气气动切断阀、脱水装置、压缩机组和液压子站拖车。

（4）循环水系统

压缩机的气缸和各级排出的气体均需冷却，以降低其温度，提高机器效率，保持润滑油性能，确保机器安全运转。为了分离压缩气体中的油污和水蒸气，最后一级排出的气体也要进行冷却。冷却系统一般由水源、供水装置（水泵、管路、阀门）及用水设备（气缸、冷却器）等组成。若冷却水循环使用，还应有冷却水塔或水池。冷却水循环系统还应配备压力表、温度计、水压过低保护和信号装置，以及流量计、水位计等。冷却系统的形式有串联式、并联式和混流式三种。串联式冷却系统的冷却水经中间冷却器再按1、2级顺序进入气缸水套，然后排出；并联式冷却系统中，总供水管分出若干支管分别通至每一部分，然后经漏斗汇入总排水管；混流式冷却系统是指各级中间冷却器与相应气缸水套组成串联，而各级之间采用并联形式。

循环水系统是用来给压缩机降温的、有两套循环水装置。每套装置有一座冷却水塔、一个水池、三台循环水泵，每台循环水泵只供给一台压缩机组冷却水，三台压缩机组回水汇在一起，回冷却水塔。共六台压缩机组需循环冷却水。每台压缩机组有总进水管路和总回水管路。循环冷却水由总进水管分别进压缩机各级冷却器、各级气缸水套、油冷却器、填料。总进水管上装有压力表、温度表，正常工作时压力为0.3MPa。各支路的出水汇集到一条总回水管上，总回水管路上装有温度表。循环水系统工艺流程如图2.1-9所示。

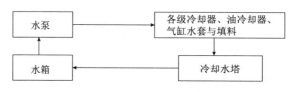

图2.1-9 循环水系统工艺流程图

5. 加气柱

加气柱是压缩天然气母站用于给子站拖车充气并进行计量的设备。加气柱系统主要有单枪加气柱6台。加气柱系统的核心部件是流量计量装置，附属部分包括电磁阀组、加气枪、电脑控制仪等。加气机内单向阀可以防止气体逆流、电脑控制仪的作用是根据实际工作情况控制电磁阀的启闭以尽快完成对车辆的充气，同时决定充气结束时车辆气瓶内的压力通过其设置面板可以设定加气柱的一些运行参数，如天然气的标准密度及单价等。同时控制仪也将加气柱的气量及单价等实时工作参数送至显示板，直观、动态地显示给用户。

当子站拖车进行加气时压缩天然气经过输送管道进入加气柱，依次流经入口球阀、质量流量计、压力表、加气球阀、排空球阀、高压软管、加气枪头，最后流入加气子站拖车的气瓶。质量流量计测出流经加气柱的气体的密度、质量等参数的物理信号，由信号转换器转换成电脉冲信号传送到电脑控制器，电脑经自动计算得出相应的质量、金额并由显示屏显示给用户从而完成一次加气计量过程。

6. 消防系统

CNG加气站内设消防给水系统。站内设消防水池一座、消防水泵房一座及消防泵2台，给站内环形管网供消防水。另外还有生活水管网，给站区及压缩厂房供消防用水。站内消防器材按规定配置。

站内控制室设置2台直通外线的电话，以便发生事故时及时报警；生产区入口设置"入厂须知"警示牌；生产区外墙和生产区内设置明显的"严禁烟火"警戒牌；加气岛处设置明显的"严禁烟火"警戒牌；站区道路及站内设置明显的限速标志。

7. 排污系统

排污系统由排污管道、排污罐和隔油池组成。压缩机、脱水装置排污物由排污管道引入排污罐，再从排污罐底部排污管线压至隔油池，另外加湿器、脱硫塔排污也引至隔油池，隔油池中油水集中回收送至有处理能力的化工企业处理。排污罐进口管线球阀应常开，放空管线直接引至室外放空。CNG加气站放空系统正常状态下为常压、现场放空系统的管道颜色为红色。放空系统放散管应高出地面建筑物10m以上。

8. 自控系统

自控系统采用PLC（可编程逻辑控制器）进行自动控制。PLC位于中控室，每台压缩机组设一套PLC控制系统，PLC可以集中控制压缩机所有功能，并可同时控制电动机及冷却系统等所有操作，保证压缩机能安全运行。

每套脱水装置PLC控制系统包括恒温控制、文本显示、实时监控。配有就地仪表、室内控制仪表、远传控制仪表。再生冷却器、循环风机及电加热器的启停均能电气联锁控制和手动单独控制，且手动优先。PLC控制柜的供电电源：DC直流24V，两相交流220V，（-10%，+15%），50Hz，环境温度在0～55℃，防止太阳光直接照射；空气的相对湿度应小于85%（无凝露）。远离强烈的震动源，防止震动频率为10～55Hz的频繁或连接震动。避免有腐蚀和易燃的气体。站房微机室的微机由压缩机PLC控制柜的通信端口读取各项参数，集中实时显示于屏幕，供站内工作人员监控。

加气机通过配置的通信端将加气业务数据经控制电缆传送至微机室内，由站用卡式管理系统读取数据，供站内工作人员微机屏幕上统计、汇总日常加气业务信息。

9. 可燃气体报警系统

站内设有燃气报警探头，与设在控制室的燃气报警控制装置相连。如果泄漏的燃气浓度达到天然气爆炸下限的20%燃气报警探头向燃气报警控制装置发出信号，由控制装置发出声光报警信号，提醒操作人员作相应处理；如果泄漏的燃气浓度达到天然气爆炸下限的40%，控制装置在发出声光报警信号的同时，停止站内设备的运行。燃气泄漏报警器核心部件为气敏传感器、气敏传感器有氧化物半导体型、热线型和催化燃烧型。压缩机厂房设可燃气体探测装置；加气岛、每台加气柱上方、锅炉间、调压计量间设可燃气体探测器。

2.2　CNG加气母站设备操作

CNG加气母站设备操作主要包括调压计量装置、脱硫装置、脱水装置、压缩机以及加气柱的操作。

2.2.1　调压计量装置操作

调压计量装置操作主要包括计量装置的操作和调压装置的操作，计量调压装置由主调压通路和备用调压通路构成。天然气经计量后流向调压装置。图2.2-1为调压计量装置示意图。

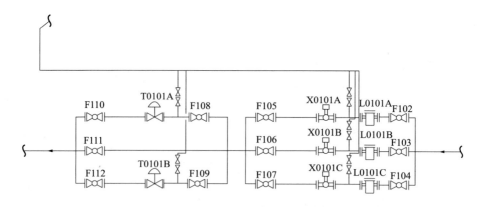

图 2.2-1 调压计量装置示意图
T0101—调压器；X0101—流量计；L0101—过滤器

1. 调压装置操作

F111 控制旁通管路，手动调压；阀 F109、阀 F112 及 L0101B 构成主调压通路；阀 F108、阀 F110 及 L0101A 构成备用调压通路。正常工作时投用主调压通路，以主调压通路为例，调整步骤为：

首先关闭阀 F112，开启调压器后的放散阀，对调压器后边管路的气体进行放散；手动调节调压器的调整螺栓，顺时针调整压力增加，逆时针调整压力降低。观察管路上压力表的指示情况，达到设定值时，锁住调压器调整螺栓，缓慢开启 F112，调压器调整完毕；当主调压通路和备用调压通路同时出现故障或维护时，可以启动手动控制的旁通管路临时工作。

2. 调压安全保护装置操作

（1）设置导静电装置

调压装置中因有法兰和螺纹连接非金属垫片和螺纹密封胶、生料带等的存在，造成管道中局部电阻的增大，输送燃气产生的静电荷发生积聚，易产生火花引发事故。故当每对法兰或螺纹接头间电阻大于 0.030Ω 时，应设置导电性能良好的铜绞线或铜板跨接法兰或螺纹接头两侧，将管道中的静电及时导出。导静电接触面必须除锈且连接紧密，不得涂漆，以免影响导电效果。调压装置在安装时也应考虑可靠接地。若管道系统对地电阻大于 100Ω 时，应设两处接地引线。

（2）设置紧急切断阀和安全放散阀

紧急切断阀一般设置于调压器的上游，在燃气输送过程中当燃气压力超过紧急切断阀的设定压力时，紧急切断阀（即超压切断），以保护下游的管道及调压器。同时若下游管道出现事故，燃气大量泄漏造成管道内压力骤降时，紧急切断气闸门，也可切断管道（即低压切断），避免发生更严重的事故。

安全放散阀设置于每级调压器的下游，当管道压力超过开启压力时，安全放散阀自动开启，释放部分燃气，以保护下游管道使其压力保持稳定。紧急切断阀与安全放散阀的设定压力可根据需要确定，可以设为当超压时先切断管道，后放散气体，反之亦可。二者的设定压力应有一定的差值，以保证出口燃气的连续、平稳。

（3）设置测压、测温仪表

每级调压后管段应设置测压、测温仪表,用来显示工作状态是否正常。如条件允许,当加设远传显示仪表时,在控制室内即可实现远程监控调压装置的运行。

3. 计量装置操作

计量装置由三块计量仪表 X0101A、X0101B 和 X0101C 并联组成,正常生产投用计量仪表 X0101B 和 X0101C,此时阀 F102 关闭,阀 F103、阀 F104 开启,X0101A 为备用仪表,天然气经计量后流向调压装置。

4. 压力调节阀操作

(1) 自力式压力调节阀前、后应尽量保持一定的直管段〔一般为 6D(管径)左右〕。阀前取压点与阀的距离应大于 2D;阀后取压点与阀的距离应大于 6D。阀前、后还应装有压力表,压力表应靠近取压点,以便使设定值与取压值真实一致。

(2) 当介质中有杂质或用带指挥器的自力式压力调节阀时应装过滤器,以防阻塞引压管路或指挥器、卡死气缸执行机构及阀芯等。

(3) 自力式压力调节阀安装方式:气体介质正立安装(执行机构在上、阀体在下),液体与蒸汽介质倒装。气体介质温度高于 70℃低于 140℃、液体介质温度高于 140℃时,自力式压力调节阀除采用倒装外,还应在引压管路上加装隔离罐,并应在引压管路、隔离罐、膜头处注满冷媒,以防膜片受高温老化。气体介质温度高于 70℃低于 140℃时,若仍采用正立安装,应在设计文件(设备表)中注明采用高温膜片(如乙丙橡胶膜片、硅橡胶膜片等),否则会造成普通膜片老化。

2.2.2 脱硫装置操作

脱硫装置操作主要包括脱硫塔的吹扫、试压和置换,脱硫塔的开车、停车等操作,脱硫剂的再生更换及装填。

1. 脱硫塔的吹扫、试压和置换操作

CNG 加气站脱硫系统在投入生产和试生产前都必须对脱硫塔进行吹扫、试压和置换系统中的空气,不允许吹扫的设备及管道应与吹扫系统隔离。吹扫的顺序应按主管、支管、疏排管的顺序依次进行,吹出的脏物不得进入已吹扫合格的管道。管道吹扫合格后不得再进行影响清洁的其他作业。

脱硫塔试压时压力应缓慢上升,至规定试验压力的 10%,且不超过 0.05MPa 时,保压 5min,然后对所有焊接接头和连接部位进行初次试漏检查,如有泄漏,修补后重新试验。初次泄漏检查合格后,再继续缓慢升压至规定试验压力的 50%,其后按每级为规定试验压力的 10% 的级差逐级增至规定的试验压力。保压 10min 后将压力降至规定试验压力的 87% 并保持足够长的时间后再次进行泄漏检查。如有泄漏,修补后再按上述规定重新试验。

置换操作过程是直接将燃气缓慢通入脱硫塔替换出空气从而达到置换目的。此方法的特点是比较简便也较经济,但是具有一定的危险性。因为在置换过程中,脱硫塔里必然要产生燃气与空气的混合气体,并且要经历爆炸极限范围。对于纯天然气来讲,它的爆炸极限为 5%~15%,再考虑到其混合的不均匀性,天然气含量 45% 以下均应视为危险区,遇火源,就要发生爆炸。为此必须严格控制,采取各种安全措施,确保无火种。

2. 脱硫系统开车操作

两个脱硫塔切换使用,打开脱硫塔进出口阀门,使原料气进入脱硫塔,脱硫后的天然气去脱水装置，观察脱硫塔压力表和温度计，确认系统处于正常工作状态。每12个小时对脱硫塔进行一次排污，填写脱硫操作记录。

3. 脱硫系统停车操作

关闭脱硫塔进出口阀门，截断进入脱硫塔气源，对脱硫塔进行排污；更换脱硫剂停车时：切断原料气，关闭进口阀，按每两分钟降低0.1MPa压力的速度，逐步将塔内压力降到常压，最后关闭进口阀，使脱硫塔与生产系统隔绝；填写脱硫停车记录。

4. 脱硫剂的再生更换

判断脱硫剂是否应再生更换一般用测量法；打开再生板对脱硫剂进行再生、还原，再打开排料口，排出旧脱硫剂；为了防止旧脱硫剂自燃，适当用水喷淋排出的旧脱硫剂，清扫整理塔内脱硫剂支撑箅子板、筛网垫等，做好装填脱硫剂的准备；通过过筛，筛出可以重复利用的旧脱硫剂同新脱硫剂混合使用。

5. 脱硫剂的填装

装填前应在塔内的栅板上铺设一层厚80～100mm，$\phi20～\phi30$的瓷球或砾石，再放置1～2层网孔小于5mm的不锈钢丝网，然后在网上放置脱硫剂；脱硫剂的装填应保证脱硫剂平整、均匀，避免脚踏、挤压；人进入塔内操作或检查装填情况时应用木板垫在料层上，装填完毕，操作人员出塔后关闭进、出料口，并做好更换脱硫剂记录。

2.2.3 低压脱水装置操作

CNG脱水装置几乎都采用分子筛作为脱水剂。分子筛脱水原理来源于物理吸附（范德华力）。低压脱水装置的操作主要包括置换、减压、吸附、加热、冷却、均压、切换、开机及关机操作。图2.2-2为低压脱水装置工艺流程图，表2.2-1为脱水装置附件名称说明，该装置具体操作方法如下。

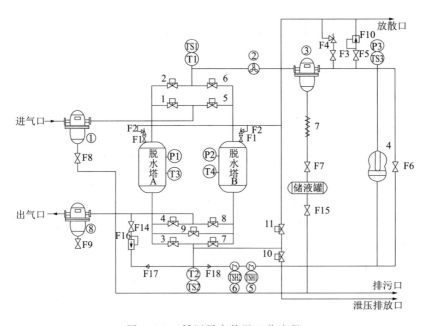

图2.2-2 低压脱水装置工艺流程

脱水装置附件名称说明　　　　　　　　　表 2.2-1

①前置过滤器	②风冷器	③分离器	④循环风机
⑤主加热器	⑥辅加热器	⑦电热带	⑧后置过滤器
1—A塔湿气进气气动阀	2—A塔再生气排气气动阀		3—A塔再生气进气气动阀
4—A塔干气排气气动阀	5—B塔湿气进气气动阀		6—B塔再生气排气气动阀
7—B塔再生气进气气动阀	8—B塔干气排气气动阀		9—均压气动阀
11—泄压回收排放气动阀	10—泄压放散排放气动阀		
F1—吸附回路安全阀前球阀	F2—吸附回路安全阀		F3—再生回路安全阀前球阀
F4—再生回路安全阀	F5—球阀		F6—循环风机流量调节阀
F7—分离器排污阀	F8—前置过滤器排污阀		F9—后置过滤器排污阀
			F10—自力式调节阀
F14—减压阀前球阀	F15—储液罐排污球阀		F16—减压阀
F17、F18—单向阀	T1—再生气排气温度表		T2—加热器排气温度表
T3—A塔温度表	T4—B塔温度表		TS1—再生气排气温度传感器
TS2—加热器排气温度传感器	TS3—冷却器排气温度传感器		TSH1、TSH2—加热器表面温度传感器
P1—A塔压力表	P2—B塔压力表		P3—压力表

1. 置换

设备投入使用前，容器及管线内部为空气，必须进行天然气置换。

进气口接入天然气后，气动阀 2 与 6 关闭，气动阀 1、5 和 4、8 打开，吸附管路升压，缓慢地打开阀 F8、F9 及气动阀 9，对 A、B 脱水塔及吸附管路置换，至放散口有天然气流出关闭阀 F8、F9 及气动阀 9、4 和 8。缓慢打开气动阀 2、6 及气动阀 3、7，此时自力式调节阀前球阀 F5 应关闭，保持 A、B 脱水塔压力在 0.2MPa。开启阀 F7 与 F15 直至排污口有天然气排出时关闭阀 F15；开启气动阀 11、10、9，直至放散口、泄压排放口有天然气排出时，关闭气动阀 11、10、9。此时，气动阀 2、6、3、7 关闭，阀门 F1、F3、F15、F5、F14 处于开启状态，设备的置换完成。

2. 减压

气动阀 1 和气动阀 4 关闭，脱水塔 B 开始吸附。气动阀 10 打开，脱水塔 A 再生气经气动阀 3，去卸压排放口待脱水塔 A 压力下降至 0.1MPa 时气动阀 10 关闭，气动阀 11 开启 3~5min 后关闭，气动阀 2 打开，接通再生系统对脱水塔 A 吸附剂进行再生。

3. 吸附

天然气脱水装置大多是采用半连续操作，即固定床吸附。来自管网的天然气经前置过滤器分离出游离态水分后，通过气动阀 5 进入脱水塔 B，经过管道式扩散器，气体在吸附床之间被均匀地扩散开充分利用干燥介质。当气体流过干燥床时，水蒸气被吸附到亲水性的干燥剂表面。天然气被干燥到所要求的露点。净化后的气体从吸附塔 B 出来经气动阀 8 和后置过滤器到达出气口。

4. 加热与冷却

循环风机与加热器开启。脱水塔 A 残留的余气，依靠循环风机作为动力源，通过加热器将温度提高到所要求的195℃时，被加热的再生气体进入脱水塔A床层并均匀地扩散，将水分从干燥剂中蒸发出来。再生废气经过冷却器冷却，冷凝液在分离器中被分离气体再次通过循环风机经加热器加热后导入容器。当干燥剂中的水分被逐步蒸发后，再生气体出口的温度随之升高，再生气体出口温度升至120℃时，控制器自动发出指令，加热器停止加热。

加热器停止工作后，循环风机、冷却风机、分离器继续工作，通过不断降低循环再生气体的温度，使脱水塔A内的干燥剂温度逐步降低，当再生气体出口温度降到40℃时，控制器自动发出指令，循环风机、冷却风机、分离器停止工作，终止冷却过程。冷却过程中单向阀F17将自动控制补气管路以及成品干气阀门，通过减压阀F16向再生系统充压，使系统压力恒定保持在0.05~0.1MPa。

5. 均压/待机操作

冷却过程完成后，设备进入均压过程。气动阀2和气动阀3先关闭，然后均压气动阀9打开，对脱水塔A开始充压，当脱水塔A压力上升至脱水塔B压力时，气动阀9关闭，均压结束，脱水塔A进入待机状态。

6. 切换

（1）本装置采用全自动控制切换方式，系统中所有阀门的动作，全部自动完成，循环风机、冷却风机及加热器的工作自动进行。

（2）吸附时间设计为12h，再生时间设计为6h，其中加热时间约4h，冷却时间约2h，再生过程工作时间以达到设定温度为限。

（3）再生程序启动后，加热器出口温度自动控制在180~220℃。脱水塔再生气出口温度上升到120~150℃时，加热器自动停止工作。系统自动执行冷却过程，随着冷却过程的进行，脱水塔再生气出口温度降到40~50℃时，循环风机和冷却风机自动停止工作。控制器发出信号提示再生工作结束。

（4）本装置再生阶段是以达到温度设定值结束的，因此，加热或冷却时间可能和上述说明不一致，如果偏差过大，需要分析原因，重新设定参数。

7. 开机操作

（1）首先检查仪表风系统是否正常，控制系统通电后检查各指示灯及参数是否正确。在控制柜上选择"手动"方式，打开循环风机和冷却风机，检查电动机转方向是否正确。循环风机联轴器旋转方向应与其指示一致，冷却器风向应从电机吹向散热器。确认正确后，重新选择"自动"方式。按"A塔启动"或"B塔启动"，则系统按照预设的参数运行；如果用户按"停机"或"故障停机"即PLC系统停机，则系统进入停机均压程序，最后停止运行。

（2）装置第一次开机，在系统投入使用之前，应该使两个脱水塔分别作两次6h的再生循环，保证干燥剂具有充分的活性。

（3）在最初的几个循环过程中，观察温度设定参数是否合适，是否需要调整。如果需要调整，可参照电气控制部分内容调整。若所有的设定参数都已达到要求，不需调整，装置便可完全正常地使用了。开机时，为防止再生系统和整个装置过载，每次启动循环风机时，应先全部打开阀门F6，运转1min后再缓慢关闭该阀门，使风机缓慢加载，避免风机因过载而损坏。

8. 停机操作

装置停止工作时，必须保证干燥再生已经完成，避免干燥剂再生不彻底而造成露点升高。不能用直接切断电源的方式使装置停止工作，突然断电会造成干燥剂的再生（加热/冷却）阶段无法正常完成。正确操作是先关闭吸附回路所有进出口阀门，如果再生塔再生工作没有结束，继续让其再生，直至完成再生工作，然后关闭再生塔所有进出口阀门，最后切断电源。重新工作时，应让已完成再生的脱水塔用于吸附工作。

9. 掉电操作

要防止由于掉电而造成控制中断的情况发生。掉电会使加热或冷却过程突然停止，再次通电后，控制将从起始处重新运行。

10. 排污操作

（1）前置过滤器的排污

打开前置过滤器排污阀 F8，使其在开启状态下停留 20s，然后缓慢关闭排污阀 F8，前置过滤器排污结束。前置过滤器每 1h 排污一次。

（2）后置过滤器的排污

打开后置过滤器排污阀 F9，使其在开启状态下停留 3～5s，然后缓慢关闭排污阀 F9，后置过滤器排污结束。后置过滤器每周排污一次。

（3）脱水装置储液罐的排污

系统再生时，打开储液罐排污阀 F15，使其在开启状态下停留 30s，然后关闭排污阀 F15，分离器排污结束。系统再生时，储液罐每小时排污 1 次。

脱水装置再生时，析出的混合物经管线进入排污罐，再经排污罐流至隔油池。

2.2.4 压缩机操作

1. 启机前的准备工作

（1）检查压缩机曲轴箱和注油器油位是否在规定范围之内。

（2）检查循环水池内水量是否充足。

（3）检查压缩机进气压力是否处于 0.45～1.08MPa 之间，若进气压力低于 0.45MPa，则不允许启机；若进气压力高于 1.08MPa，则需在计量调压装置上进行调压，使其压力低于 1.08MPa。

（4）如果上述检查参数一切正常，可手动盘车 2～3 圈，确认各运动机构应轻巧无卡阻。完成上述工作后方可启动压缩机。

（5）完成上述工作后可以启动压缩机。

2. 启机运行步骤

（1）合上压缩机控制柜内系统总电源开关，电压正常值应为 380±38V。通电后触摸屏进入初始画面（图 2.2-3），点击"操作员界面"按钮，进入操作界面（图 2.2-4），可以选择系统手动运行或自动运行。

（2）先点击"自动状态"按钮，再按下压缩机控制柜（图 2.2-5）上的"主机启动"按钮，延 1min，软启动开启，启动完成后自动切换至旁路运行，系统进入正常运行状态。

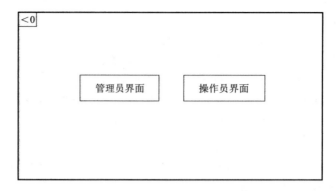

图 2.2-3 触摸屏初始画面示意图

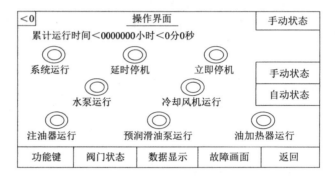

图 2.2-4 触摸屏操作界面示意图

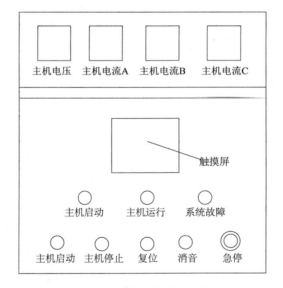

图 2.2-5 压缩机控制柜示意图

（3）润滑油压力、冷却水压力、进气压力、各级排气压力及温度等参数信号传入 PLC 控制装置，监控系统的运行。如有异常会自动报警直至停机。实施紧急停机再开机时，急停开关必须先复位。

3. 紧急停车

当发生下了情况之一时,需要紧急停车操作。

(1) 电动机出现明显的故障,危及机器或人身安全时。

(2) 压缩机任一部位温度升高异常。

(3) 有严重的不正常响声,或发现机身、气缸有裂纹甚至断裂等异常情况。

(4) 任意级排气压力值超过允许值,并继续升高。

(5) 突然停水、断油、电动机某相断电或部分断电。如因断水而停车,应待机器自然冷却后再通水,不允许马上向热气缸送冷却水,否则气缸会因收缩不均而炸裂。

4. 巡回检查

压缩机正常运行后,当班人员应定期按照工艺流程和技术要求逐点逐件认真地对各设备、管线、阀门、仪表等进行检查,若发现异常情况要立即进行处理,处理不了要及时报告班长和站长,采取相应措施,杜绝事故的发生,并做好记录。机组运行时,必须保持气路畅通,执行先开后关的原则,防止憋压。压缩机运行中,观察各级压力、温度、注油泵供油是否正常。压缩机每工作 2～3h 或根据气质情况,打开排污阀进行吹扫排污,排污阀应逐级打开,吹扫时间不应大于 30s,排污时总排污一定要全开。若压缩机出现故障需要紧急停机时应立即按下紧急停机按钮,迫使主机带负荷停止运转,然后立即打开各级排污阀门,关闭进、送气阀门,关闭控制柜总电源。巡回检查主要做好如下事项:

(1) 检查气、水、油管路的密封处,密切注视机器运行中温度、压力的变化。若发现异常情况应迅速查明原因,果断处理。

(2) 检查排污系统,根据油水及杂质的情况调整自动排污时间。

(3) 检查紧固件的紧固情况,防止由于松脱而发生事故。特别应注意卡套式接头连接的各管口要确保处于拧紧状态,不应有任何松动,防止松脱事故。

(4) 检查安全设施,如果发现不安全因素应及时报告,及时处理。

(5) 检查机身油池内的油位处于油尺 1/2～2/3 处,如油位过低应做好加油工作。

(6) 监视油过滤器前后的压差应不大于 0.05MPa,压差过大时应及时清洗过滤器。

(7) 详细做好压缩机运行记录,停车故障及修理记录,做好交接班记录。

5. 往复式活塞压缩机运行

往复式活塞压缩机属于容积型压缩机,是靠气缸内做往复运动的活塞改变工作容积压缩气体。气缸内的活塞,通过活塞杆、十字头、连杆与曲轴连接,当曲轴旋转时,活塞在气缸中做往复运动,活塞与气缸组成的空间容积交替的发生扩大与缩小。当容积扩大时残留在余隙内的气体将膨胀,然后再吸进气体;当容积缩小时则压缩排出气体。以单作用往复式活塞压机为例,将其工作过程叙述如下:

(1) 吸气过程

当活塞在气缸内向左运动时,活塞右侧的气缸容积增大,压力下降。当压力降到小于进气管中压力时,则进气管中的气体顶开吸气阀进入气缸,随着活塞向左运动,气体继续进入缸内,直至活塞运动到左死点为止。这个过程称吸气过程。

(2) 压缩过程

当活塞调转方向向右运动时,活塞右侧的气缸容积开始缩小,开始压缩气体。由于吸气阀有逆止作用,故气体不能倒回进气管中;同时出口管中的气体压力高于气缸内的气体压力缸内的气体也无法从排气阀排到出口管中；而出口管中气体又因排气阀有逆止作用，也不能流回缸内。此时气缸内气体分子保持恒定，只因活塞继续向右运动，继续缩小了气体容积，使气体的压力升高。这个过程叫作压缩过程。

（3）排气过程

随着活塞右移压缩气体，气体的压力逐渐升高，当缸内气体压力大于出口管中压力时，缸内气体便顶开排气阀而进入排气管中，直至活塞到右死点后缸内压力与排气管压力平衡为止，这叫作排气过程。

（4）膨胀过程

排气过程终了，因为有余隙存在，有部分被压缩的气体残留在余隙之内，当活塞从右死点开始调向向左运动时，余隙内残存的气体压力大于进气管中气体压力，吸气阀不能打开，直到活塞离开死点一段距离，残留在余隙中的高压气体膨胀压力下降到小于进气管中的气体压力时，吸气阀才打开，开始进气。所以吸气过程不是在死点开始而是滞后一段时间。这个吸气过程开始之前，余隙残存气体占有气缸容积的过程称膨胀过程。

6. 压缩机进、排气温度

若压缩机进、排气温度过高，主要的原因有以下几种：

(1) 本级活塞环漏气；

(2) 本级气缸冷却不正常；

(3) 本级吸气温度偏高；

(4) 本级压力比偏大；

(5) 本级气阀（排气阀漏气比吸气阀漏气影响更大）漏气。

7. 压缩机调节排气量

往复式压缩机常用的气量调节方法有以下几种：

(1) 旁通调节

排气管经由旁通管路和旁通阀门与进气管相连接，调节时只要开启旁通阀，部分排气便又回到进气管路中。这种调节方法比较灵活，而且简单易行，配上自动控制系统调节精度也比较高，但是因为多余气体的全部压缩功都损耗掉，所以经济性差，因此，这种方法适用于偶尔调节或调节幅度小的场合。

(2) 压开进气阀调节

根据进气阀被压开过程的长短，该方法分全行程压开进气阀和部分行程压开进气阀两种方式。对于全行程压开进气阀调节，在吸气过程中，气体被吸入气缸，在压缩过程中，因为进气阀全开，吸入的气体又被全部推出气缸。假设某压缩机有一个一级双作用气缸，若只顶开活塞一侧的进气阀，气量降低50%，如果两侧同时顶开，则排气量为零，所以，该机可实现气量0、50%和100%三级调节。可见，全行程压开进气阀的调节幅度较大，适用于粗调节。部分行程压开进气阀调节的原理与全行程压开进气阀相似通过控制压缩过程中进气阀的关闭时刻，控制返回气量的多少，从而可以实现气量的连续调节。由于压缩功几乎与排气量成正比例地减少，所以还有很高的运行经济性。

(3) 转速调节

转速调节即通过改变压缩机的转速来调节排气量。这种调节的优点是气量连续，比功率消耗小，压缩机各级压力比保持不变，压缩机上不需设专门的调节机构等；但它仅仅广泛使用在驱动机为内燃机和汽轮机的压缩机上,如果驱动机为电动机,则需要配置变频器,由于大功率、高压变频器价格昂贵,而且需要大量的维护、维修工作,因此,目前在电动机驱动的往复式压缩机上很少采用该方法。此外,变转速调节可能会对压缩机的工作产生不良影响,如气阀颤振、部件磨损大、振动增加、润滑不充分等也限制了该方法的广泛应用。

(4) 余隙腔调节

在压缩机的气缸上,除固定余隙容积外,另外设有一定的空腔,调节时接入气缸工作腔,使余隙容积增大,容积系数减小,排气量降低,这就是余隙腔调节的工作原理。按照补助容积接入的方式不同,又分为连续的、分级的、间断的调节,多用于大型工艺压缩机。这种调节方式的主要缺点是:通常手动调节,且响应速度慢,一般需与其他调节方式配合使用。

2.2.5 加气柱操作

1. 操作过程

(1) 按规定引导 CNG 管束车到达指定车位,确认车辆熄火,车内人员下车,橇车处于驻车制动状态并放置阻车器,检查静电接地报警器处于良好的工作状态并连接静电接地线。

(2) 确认车辆防火罩、灭火器、支腿良好。

(3) 确认牵引车内无违禁物品,提示司机锁好车门。在车门前放置"正在充装、请勿启动"警示牌。

(4) 打开管束车后舱门挂好风钩,确认舱内工艺管线完好,钢瓶内余压大于 0.5MPa,管束车充气阀块压力为 0MPa。

(5) 检查充气软管无鼓包、破损的情况,充气柱排空阀为关闭状态。

(6) 空气管连接对正 12 孔空气管公母头,单手顺时针拧紧母头,并开启充气柱旁的空气阀。

(7) 空气管连接充装工正面与软管或 45°夹角,将 CNG 软管快装接头与橇车快接头连接牢靠,挂牢软管安全绳。

(8) 缓慢开启管束车主球阀、充气柱主球阀。

(9) 确认充气柱放空阀处于关闭状态时,按下充气柱面板上的"启动",充气柱电磁阀打开,并进入计量状态。

(10) 启动 CNG 压缩机,橇车开始充气,确认充气柱计量是否准确,当充气柱压力达 20MPa 时,CNG 压缩机自动停机,充装停止,管束车充满,CNG 压缩机自动停机后按下充气柱面板上的"停止"键,关闭充气柱阀门。

(11) 空气管拆下单手逆时针松开卸下 12 孔接头,放回原处。

(12) 开启充气柱放空阀,将充气软管内气体放空,取下快装接头,关闭充气柱放空阀。将空气软管、静电接地线按规定放回原处,并填写《充装记录》。

(13) 押运员引导连接牵引车头,将主支腿摇起,移走垫木并放置在指定位置,确认橇车刹车处于行车状态。押运员和值班人员共同确认橇车后仓内仪器仪表完好,关闭后舱门,确认牵引车头未发动,移动防溜器并放置在指定位置,押运员引导牵引车驶离。

（14）加气过程中出现意外事故的紧急处理办法：

①立即切断加气柱电源。

②迅速关闭专用半挂车上的球阀。

③关闭加气柱前的进气阀或加气柱进气口球阀。

2. 注意事项

（1）为延长加气柱高压软管的使用寿命，应避免让其长期处于高压膨胀状态，在每天工作结束或较长时间停止工作时，应关闭加气柱上的加气球阀，然后打开放空球阀，排空软管中的高压天然气。

（2）再次使用加气柱时，应先排净软管中的空气，以确保充入汽车储气罐的天然气纯度。

3 CNG 常规加气站

3.1 CNG 常规加气站构成

CNG 常规加气站是从站外天然气管道取气，经过工艺处理并增压后，通过加气机给汽车 CNG 储气瓶充装车用 CNG 的场所。CNG 常规加气站组成主要包括调压计量装置、脱硫装置、脱水装置、压缩机组、加气机、排污系统、消防系统、可燃气体报警系统、自控系统及数据上传系统。为满足汽车不均衡加气的需要，CNG 常规加气站必须设置高压储气系统。

3.1.1 工艺流程

CNG 常规加气站进站天然气压力为 0.3~0.4MPa，原料天然气经脱硫、脱水后露点达到 -55℃后进入压缩机增压至 25MPa，通过顺序控制盘，自动向高、中、低储气瓶供气，再经加气机给出租车、公交车加气，也可为子站拖车加气。常通常规加气量在 600~1000 Nm^3/h（标准立方每小时）之间。若气源含硫量已达到规定值，则无需设脱硫设备。图 3.1-1 为典型 CNG 常规加气站工艺流程图。

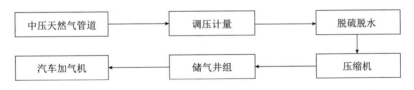

图 3.1-1 CNG 常规加气站工艺流程图

3.1.2 CNG 常规加气站设备构成

1. 调压计量装置

调压装置的主要功能是压力调整。调压器的作用是将高压气体的压力调至设备所需要的压力范围，并在用气量变化及进口压力波动的情况下自动将出口压力稳定在设定的区间。计量装置按计量原理，可分为直接计量和间接计量两种。直接计量式燃气表的内部设有若干个计量室，按计量室的容积直接对通过的燃气量进行计量和累计。间接计量式燃气表没有计量室，它利用燃气流的某一物理特性转换为流量，再引入时间因素求得累计值。

前面我们已经介绍过直接作用式调压器和间接作用式调压器，这里我们对轴流式调压器进行介绍。

（1）概述

轴流式调压器是一种构造新颖、封闭严密、流通能力大、调压稳定的指挥式调压器，调压器内件为不锈钢制造，使用寿命长，具有超压自动关闭，压力恢复正常时自动开启功能，安装空间小，可安装于任何位置，适合于城市门站、区域调压站和燃气轮机供气，可用于天然气、液化石油气、空气和其他非腐蚀性气体。

（2）结构原理

轴流式调压器由进气阀体、进气接体、出气接体、出气阀体、指挥器五大部分组成。进气接体内装有主阀调压簧、高压气筒套、封闭胶膜等。出气阀体内装有固定阀座，该阀座与高压气筒套组成封闭副。当指挥器关闭时，高压气筒套在主阀簧的作用下，紧贴在固定阀座上，将介质关闭在调压器内；当指挥器打开时，在指挥器先导气的作用下，封闭胶膜拉动封闭膜压盘压迫弹簧，使高压气筒套离开固定阀座，指挥阀开启越大，高压气筒套与固定阀座间的间隙越大，从而实现调节气流压力高低和流量大小的功能。表 3.1-1 为 RTJ-ZL 轴流式调压器技术参数。

RTJ-ZL 轴流式调压器主要技术参数　　　　　　表 3.1-1

进口压力 P_1（MPa）	出口压力 P_2（MPa）	关闭压力（MPa）	稳压精度
0.05～10MPa	0.02～0.4，0.4～0.8，0.8～1.6，1.6～2.5，2.5～4.0，4.0～6.4	≤1.5P_2	±5%
工作温度（℃）	公称压力（MPa）	公称管径（mm）	—
40～60	0.8，1.6，2.5，4.0，6.4，10.0	25，50，80，100，150，20	—

2. 脱硫装置

进站原料气含硫量高于 $15mg/m^3$ 时，需进行脱硫处理。CNG 常规加气站采用脱硫方式主要为干法脱硫和湿法脱硫两种。干法脱硫是采用三氧化二铁为固体脱硫剂。

3. 脱水装置

压缩天然气在储存和向汽车充气过程中，在最高储存压力下，气体中水露点应低于当地最低环境温度 5℃ 以下，如果达不到该要求，压缩天然气可能会析出液态水。液态水的存在将会对汽车及加气站的安全产生严重损害，所以必须脱出液态水。

原料天然气进入脱水装置的吸附塔，塔内的 4A 型分子筛能有效吸附天然气中的水分，使天然气中的水含量达到车用压缩天然气水含量的要求。分子筛脱水根据的是吸附原理。分子筛脱水工艺通常采用双塔流程，分子筛脱水装置再生气采用的是天然气。CNG 常规加气站用分子筛脱水剂再生温度一般为 200～260℃。脱水装置分为高压脱水装置和低压脱水装置两种。

（1）高压脱水装置

高压脱水装置实际上是加压冷却脱水法和吸附分离法的串联应用。先利用压缩机在逐级的压缩—冷却过程中，将天然气中的大量水分脱出，再采用吸附分离法进行深度干燥。由于天然气在压缩过程中已脱出了其原始含水量的 95% 以上的水分，因此，与前置脱水装置相比，同等处理量的后置脱水装置具有更小的体积，其电加热功率也较低。

（2）低压脱水装置

低压（前置）脱水装置按自动化程度可分为全自动和半自动，前者可做到无人现场操作，后者需在两塔切换时，到现场手动切换阀门，其后的再生程序自动进行，无需现场操作。按控制柜安装位置可分为现场控制和非防爆区控制，前者采用正压保护或隔爆箱，后者将控制柜设置在非防爆区，一般与压缩机控制柜相同区，推荐后者。按控制柜功能又可分为：露点控制、触摸屏、文本、指示灯显示等。

低压脱水的优点是一次性投资费用少，实际运行成本较低、低压脱水装置设置在压缩机前，原料天然气经调压计量系统后，即进入深度脱水装置，经过脱除水分的天然气经过过滤器和在线露点分析仪之后进入压缩机，对压缩机亦有一定的保护作用。低压脱水装置采用闭环式循环进行循环再生。

4. 压缩机组

CNG常规加气站与CNG加气母站使用的都是具有曲柄连杆的活塞式压缩机。区别主要在进气压力以及排量上。CNG常规加气站压液机的工作能力不应小于15000m^3/d，而CNG加气母站压缩机的工作能力应不小于30000m^3/d。下面以水平对称平衡式天然气压缩机和M型天然气压缩机为例进行介绍。

(1) 水平对称平衡式天然气压缩机

ARIEL公司设计制造的JG/4二级压缩水平对称平衡式少油润滑压缩机，在正常工作条件下的流量为4868m^3/h，单位能耗为0.0714kW/m^3，是目前比较经济的机型。该机组包括压缩机、电动机、冷却系统、回收系统、出入口过滤器、可燃气体检测报警器以及橇体外壳等。

主驱动器为防爆电动机，电动机通过弹性膜片式联轴器直接与压缩机相连，且通过激光校准仪设备进行线性校准。压缩机各级之间的气体通过电动机驱动的空冷换热器进行冷却。压缩机橇块上配置有回收罐以回收压缩机的余气，当压缩机重新启动时，回收罐中的气体将被返回压缩机入口，从而实现气体的再利用。另外，压缩机每级之间设有离心式油气分离器，在最终气体出口处设有三个过滤精度不同的过滤器，它们会自动捕捉气体中的油及水分并将其自动排放到回收罐中。压缩机被安放在钢结构制成的橇块上，并配置有全天隔音防护罩和消音设备。电气控制设备设置于远离安全区域的控制室内。

1) 压缩机的主要特点

在橇块上装有空冷热交换器，可以冷却压缩机各级之间的气体温度和最终的排放气体温度。各级间气体和润滑油采用风冷压缩机气缸，采用自然冷却。压缩机气缸润滑采用世界较为流行的无油结构、少油润滑设计，活塞环、填料及气缸均具有较长的使用寿命。压缩机易损件更换时间可达8000h以上。

油气分离系统包括压缩机各级之间的离心分离器和过滤精度不同的滤芯式过滤器。可以将全部气体中的油水成分去除。压缩机气缸表面采用离子氮化技术，使气缸内腔磨损降低到最低值。压缩机由防爆电动机驱动，电动机与压缩机间采用直联方式。直联方式不仅可以缩小占用空间，而且提高机组的运行效率，实现软启动。进口处设有声波振动杂质过滤器。

建筑结构为钢底座设计压缩机与电动机结合部位设计有特别加强装置，确保不会由于长时间工作而出现松动。

压缩机橇内带有现场仪表盘，可以很方便地观察进气压力、级间气体压力、排放气体压力和润滑油压力等。自动缓冲及补充气体系统在压缩机启动和关闭时可以自动收集和循环气体。特别是在压缩机欠载启动时可以最大限度地保护压缩机。系统中配置有多种润滑油过滤及去除设备，可以保证排放气体中的含油量为最低。

2) 站内控制系统

加气站采用 PLC 自动控制系统,位于中控室,每台压缩机橇块中设一套 PLC 控制系统。PLC 可以集中控制压缩机所有功能,并可同时控制电动机、冷却系统、回收系统等的所有操作,保证压缩机能安全运行。

站内控制系统主要性能特点如下:

①可自动或手动来操作压缩机启停机。

②触摸式图表、曲线显示屏幕,全中文操作界面,可向用户提供一个易于操作的友好平台。

③压缩机各级的进、排气压力以及润滑油温度等工况参数值均通过变送器以实时方式传输给 PLC,从 PLC 上可进行实时控制和显示并且很容易在 PLC 上调整和设置参数。

④可自动向回收罐排放分离器及过滤器中的积液。

⑤带有压缩机运行累计工作时间计时器。

所有执行器均采用启动二位阀门,阀门动力气源来自于天然气,至于取气位置视各地入口压力而定。取出的气源一般高于需求压力,经过调压后进入缓冲罐,缓冲罐上设压力变送器,压力信号传送至 PLC,当压力低于设定值后,PLC 经过处理后发出指令控制压缩机的启停。

站内及压缩机橇体设有燃气检测仪表,当发生泄漏后,发出数字信号,PLC 接到信号后,发出警报,切断电源,停止动力设备。站内在易于出现危险的地方设置急停按钮,当出现意外情况时可就近按下急停按钮,PLC 接到信号后,发出警报,切断电源,停止动力设备。具体控制项目及动作方式见表 3.1-2。

控制项目及动作方式[信号来源(输入)及相应的系统反馈]　　表 3.1-2

项　目	状　态	类　型	动　作
压缩机油压	低	开关压力表	关断
压缩机油位	低	低液位开关	关断
气缸润滑油流量	低	流量开关	关断
吸气压力	低/高	压力传感器	关断
第一级排气温度	高	温度传感器	关断
第二级排气温度	高	温度传感器	关断
第一级排气压力	高	压力传感器	关断
第二级排气压力	高	压力传感器	关断
储存压力	低/高	压力传感器	启动/关断
橇体内天然气浓度	高	探测器	报警
驱动电动机过载	—	探测器	关断
风扇电动机过载	—	探测器	关断
紧急关断	—	开关	关断

(2) M 型天然气压缩机

以 M-2.1/20-250JX 型压缩机为例，该型压缩机为 M 型水平式对称平衡式压缩机，采用四级压缩；各级冷却器为列管可拆式水冷却器；气缸、填料为无油润滑结构设计，强制少油润滑。

电动机与压缩机主轴通过联轴器直联，安装在同一个橇座上。主电动机采用交流电动机软启动器，PLC 电控柜采用西门子可编程控制器。压缩机能实现自动化启停操作。自动化控制系统以可编程序控制器 PLC 为核心，采用电动机软启动，闭式泄压无负荷启动；系统油压、电流、温度、气压自动监控；设自动排污系统。采用高压密封填料设计和无平衡段设计。M 型压缩机常为橇装式，主机、各级分离器、冷却器、缓冲器以及电动机固定在底座上，气管路、注油管路、水管路、仪表管路将主机和容器连接成一个完整的压缩机组。压缩机设有安全保护装置和控制测量仪表，技术参数见表 3.1-3。

M-2.1/20-250JX 型高效节能型天然气增压压缩机技术参数　　　表 3.1-3

序号	项目		设计值
1	机组名称		CNG 橇装压缩机组
2	机组型号		M-2.1/20-250JX
3	机组型式		水平对称平衡式
4	压缩列数		4
5	压缩级数		4
6	压缩缸数		4
7	机组用途		CNG 加气站增压
8	机组工作介质		天然气
9	驱动电动机（YB400）	额定功率（kW）	280
		转速（r/min）	740
		额定电压（V）	380
10	机组设计转速（r/min）		740
11	体积流量（m³/min）		2.1
12	性能参数	进气压力（MPa）	2.0
		排量（m³/h）	2500
		功率（kW）	275
13	传动方式		弹性联轴器直接驱动
14	进气压力（MPa）		1.0~2.5
15	排气压力（MPa）		25
16	进气温度（℃）		≤30
17	排气温度（冷却后）		不高于环境温度 15℃
18	冷却水循环量（m³/h）		40
19	气缸填料润滑方式		无油润滑结构，强制少油润滑

续表

序号	项 目	设计值
20	注油器电动机功率（kW）	0.75
21	润滑油加热器功率（kW）	3
22	安装方式	橇装固定，一机一橇
23	机组外形尺寸（$L \times W \times H$），mm×mm×mm	4700×2980×1800
24	机组总质量（kg）	15800

5. 储气系统

天然气的按储存方式可分为气态储存、液态储存和固态储存。气态储存主要包括地下储气储存、管道储存、以压缩方式储存（如管束储存、储罐储存、CNG储存等）、吸附天然气（ANG）储存和临界流体储存等；液态储存主要指采用液化天然气（LNG）方式储存；固态储存主要指采用天然气水合物（NGH）的形式储存。

为了满足汽车不均衡加气的需要，CNG常规加气站必须设置高压储气系统以储存压缩机加压的高压气。当储气系统内压力达到20～22MPa时，压缩机将自动停机。储气系统采用的储气方式有以下几种：

（1）管井储气。即地面储气井，使用API进口石油套管加装高压封头，立式深埋地下100m，形成水容积1.9m³的储气管井。CNG储气井主要由井口装置、井底封头、井筒组成，CNG储气井上封头上开有排污口和进排气口。这种储气管井的有关技术，如全程固井、连接密封、维护与检验等尚需进一步深入与提高。储气井的制造缺陷不能及时发现。

（2）大型容器储气。常用的有以下几种：多层包扎的天然气储气罐，公称直径为DN800，水容积规格为2m³、3m³和4m³，分卧式与立式两种；柱型（球型）单层结构高压储气罐，水容积规格为2m³、3m³、4m³或以上；高压储气瓶，单个储气瓶水容积1.3m³，系无缝锻造，按需要由多个气瓶组合使用。

图 3.1-2 并联小气瓶储气库

(3) 小气瓶储气。单个小气瓶水容积仅 50L，需要气瓶数量多、接点多、泄漏点多、维护与周检工作量大、占地面积大、储气瓶正常使用年限为 10~15 年、储气瓶根据国家有关规定，每两年需开瓶检查一次。

并联小气瓶储气库是指将大约 60~200 个水容积在 50~80L 的小型高压气瓶并联在一起，以获得较大的容积，如图 3.1-2 所示。并联小气瓶储气库的优点是气瓶易于购买，价格较低。缺点是容易产生泄漏、维修保养困难，目前在新建加气站中已经很少采用。

最近几年来使用了一种专门用于 CNG 加气站地面储气的无缝压力容器，单瓶水容积约 1300~1500L。多数加气站只需设置 3~6 个即可满足要求。这种容器多是将三个储气瓶为一组固定在一个支架上。容器上有排污口，便于排污。运行过程中，只需定期进行外观检查和测厚检查，不需拆除连接件进行其他检测，运行维护费用低，占用场地小，可露天放置。最常见的是将气瓶叠放，置于地面上卧式安装，如图 3.1-3 所示。还有的挖一个地坑，将瓶组垂直安放在地坑内，地坑边缘设护栏，顶部设防雨棚。

图 3.1-3 储气瓶组

6. 加气设备

（1）加气机

加气机是用来给加气汽车充装压缩天然气。它由质量流量计、微电脑控制售气装置和压缩天然气气路系统组成。其屏幕显示售气单价、累计金额和售气总量。加气机的数据采集是将流量信号通过变送器转换为电脉冲信号输入到加气机的智能测控系统。加气机的检定周期为每半年一次，CNG 加气机一般采用质量流量计。加气机在 $-25~550$℃的温度环境中能保持正常工作；加气机必须具有对汽车充气达到 20MPa 时自动停机的功能；CNG 加气机的相对误差、重复性误差不得超过 0.5％。

（2）加气柱

CNG 常规加气站与 CNG 加气母站加气柱的工作原理基本相同。压缩天然气经过输送管道进入加气柱，依次流经入口球阀、质量流量计、压力表、加气球阀、高压软管、加气枪头，最后流入加气子站拖车的气瓶。

3.2 CNG 常规加气站设备操作

CNG 常规加气站设备操作主要包括调压计量装置操作、脱硫装置操作、脱水装置操作、压缩机操作、冷却塔操作、天然气储气设施操作、加气机操作以及控制系统操作。

3.2.1 调压计量装置操作

CNG 常规加气站与 CNG 加气母站的调压计量装置结构原理、操作方法基本相同，具体操作请参考 CNG 加气母站调压计量装置操作。

1. 调压装置巡检要点

（1）检查天然气压力表（计）、温度表（计）、流量表是否正常。

（2）检查天然气各阀门的位置是否正常，有无泄漏。

（3）检查自力式调节阀工作是否正常，调节阀前后压力表指示是否正常。

（4）检查分离器液位，每天排污一次，排污时观察分离器有无液体排出，如有异常情况增加分离器的排污次数。

（5）检查过滤器液位及压差，每天排污一次，排污时观察过滤器有无液体排出，如有异常情况增加过滤器的排污次数。

（6）冬季检查电加热器工作是否正常及天然气温度指示是否正常。

（7）冬季检查伴热电缆工作是否正常。

（8）冬季检查压力表、温度表及压力、温度流量变送器的保温是否完好。

2. 调压计量操作注意事项

（1）调压装置操作注意事项

当主调压通路调压器出现问题无法使用时，首先开启备用调压通路同时关闭主调压通路；当主、备调压器同时出现故障时，可先观察气源压力，气源压力在压缩机工作范围内时，可临时开启旁通管路，并对故障调压器进行维修或更换。

（2）计量装置操作注意事项

当仪表显示数据与上游的交接数据相差较大时，应对计量参数进行分析，如发现异常，应立即向主管人员和部门汇报，按指令进行处理，并作好记录。

3.2.2 脱硫装置操作

CNG 常规加气站脱硫装置操作主要包括脱硫塔的吹扫、试压和置换，脱硫塔的开车、停车等操作，其操作步骤与 CNG 加气母站基本相同。

1. 脱硫装置操作注意事项

（1）装填或更换脱硫剂时，必须带上橡胶手套和防尘面具。

（2）脱硫剂的更换过程中，严禁用手擦拭眼睛，防止脱硫剂灼伤眼睛。若脱硫剂不慎进入眼内，应立即用大量清水冲洗。

2. 脱硫方法的选择原则

目前，国内外已见的天然气脱硫方法繁多，不下数十种。如果以脱硫剂的状态来分，则天然气脱硫法可分为干法和湿法两大类。

（1）干法：采用固体型的脱硫吸附剂，这类固体物质包括天然泡沸石、分子筛和海绵状氧化铁等。

（2）湿法：采用各类液体溶液脱硫剂。此法多用于高压天然气中酸性气体组分含量较多的情况。湿法本身又可按条件分为化学吸收法、物理吸收法、复合法和直接氧化法。

1）化学吸收法基于可逆化学反应。吸收剂在吸收塔内与 H_2S 和 CO_2 进行反应，在解吸塔内用提高温度或降低压力的办法使两者的化学反应向相反方向进行。各种胺溶液是应用广泛的脱硫吸收剂。除了各种醇胺法以外碱性盐溶液和氨基酸盐法亦属于化学吸收脱硫法。

2)物理吸收法是基于吸收剂的选择性吸收来分离抽取天然气中酸性组分,其操作类似于天然气工厂中油吸收法。在物理吸收过程中,可采用 n—甲基吡咯烷酮、碳酸丙烯酯、丙酮、甲醇等作为吸收剂。由于吸收剂的吸收能力实际上与气相中酸性组分的分压成正比,所以本法对处理高含酸性组分的天然气特别有效。

3)复合法是同时使用混合的化学吸收剂和物理吸收剂。本法中最得以广泛应用的是 Sulfinol 法,其中使用环丁砜和任一化学吸收剂组合的溶液作为脱硫剂。Sulfinol 溶液通常是由环丁砜、二异丙醇胺和水组成。在确定 Sulfinol 枫胺溶液配比时,应考虑依据使用条件不同而异。

4)直接氧化法是对 H_2S 直接氧化使其转化成硫元素,例如克劳斯法。干法脱硫技术与湿法脱硫技术相比具有投资低、占地面积小和运行费用低的优点。

天然气组分、处理量、硫含量、厂站所处自然条件、产品质量要求、运行操作要求等都是天然气脱硫工艺的选择依据。目前,根据国内外工业实践的经验,天然气脱硫、脱碳工艺的选择原则可参考以下内容:

①原料气中含硫量高、处理量大、硫碳比高,需要选择性吸收 H_2S 同时脱除相当量的 CO_2,原料气压力低,净化气 H_2S 要求严格等条件下,可选择醇胺法作为脱硫工艺。

②原料气中含有超量的有机硫化物需要脱除,宜选用枫胺法。此外,H_2S 分压高的原料气选用枫胺法时能耗远低于醇胺法。

③H_2S 含量较低的原料气中,潜硫量在 0.2~5t/d 时可考虑直接氧化法,潜硫量低于 0.2t/d 的可选用非再生固体脱硫法,如固体氧化铁法等。

3. 铁碱法脱硫工艺

氧化铁脱硫剂效果较好,价格相对低廉,可在室温下操作,使得设备投资费用少、操作简便,因此从性价比考虑,氧化铁脱硫剂比较适合天然气的脱硫。常温氧化铁脱硫,主要以 Fe_2O_3 水合物进行脱硫。氧化铁为基质的固体脱硫剂,脱硫反应在常温和碱性条件下最好。

4. 脱硫剂再生工艺

脱硫剂氧化铁再生的方法有三种:

(1)塔内连续再生

在进口连续鼓入适量的空气,使脱硫剂的再生和 H_2S 的吸收同时进行,两个过程可在工作中实现动态平衡。

(2)塔内间歇式再生

将需要再生的脱硫塔停止运行并与系统可靠隔离,用蒸汽或惰性气体置换设备内残余天然气后,鼓入新鲜空气,使脱硫剂实现再生。

(3)塔外再生

将失去活性的脱硫剂搬到塔外摊晒与空气中的氧气发生反应,可实现再生。这种方法工作量很大,且使得工作环境亦不清洁。

3.2.3 高压脱水装置操作

CNG 常规加气站脱水装置可采用低压脱水装置和高压脱水装置,低压脱水装置在 CNG 加气母站已做过讲解,此处对高压脱水装置的操作进行介绍。高压脱水装置操作主要包括开机、关机以及再生操作。高压脱水又称为压缩机末级脱水。CNG 脱水装置几乎都采用分子筛作为脱水剂。

1. 高压脱水装置操作装置操作

（1）高压脱水的脱水系统设置在压缩机最后一级出口的高压气体管路上进入脱水装置脱水，脱水后的气体进入储气井（瓶）储存。其工艺过程和中压脱水差不多。再生一般采用降压干气，也可用原料气。

（2）熟悉脱水设备的构造原理，掌握脱水系统的过滤器、干燥器、再生气加热器、冷却器及分离器、再生气和压缩机的工作原理。

（3）开机前的准备工作。新建和大修（更换脱水剂后）的 CNG 场站脱水系统在投入生产或试生产前都必须进行吹扫、试压和置换系统中的空气。

（4）脱水系统开车操作：

1）打开脱水塔前过滤器进、出口阀门。

2）打开脱水塔进、出口阀门。

3）打开脱水塔后过滤器进、出口阀门。

4）观察进出口压力表，确认系统处于正常工作状态。

5）严禁气阀操作错误，否则高低压气串通将造成设备、人员伤亡事故。

（5）填写脱水操作记录。

（6）每半个小时对脱水装置空转情况进行一次巡检。及时（至少四个小时）做一次巡检记录。

（7）脱水系统停车操作

1）关闭脱水塔前过滤器进、出口阀门。

2）关闭脱水塔进、出口阀门。

3）关闭脱水塔后过滤器进、出口阀门。

（8）脱水装置分子筛的再生操作

1）将需要再生的脱水塔从并联的脱水装置中断开。

2）打开压缩机或储气井（瓶）脱水再生气配气阀。

3）打开再生气调压装置。

4）打开再生塔再生气进气阀。

5）打开再生塔再生气回收阀。

6）开启电加热器对再生气进行加热，若无再生气流动时，必须停止加热。

7）每小时排污一次。

8）填写再生脱水塔再生记录。

2. 脱水装置巡检要点

（1）不需中断的保养与检查

每日一次，检查再生温度是否正常。

每日一次，检查罗茨风机振动是否异常。

每周一次，检查切换过程及所描述的功能是否正常。

每周一次，检查吸附、再生、冷却及切换时间。

每周一次，检查干燥塔的压力损失。

每周一次，检查过滤器、分离器排污口是否通畅。

每月一次，紧固所有松动的接头。

（2）需中断运行的保养与检查

若运行中没有故障出现，应定期完成下面的保养工作：

每月一次，检查所有压力表和温度表。

每季一次，检查前、后置过滤器压力损失。

每季一次，检查或更换罗茨风机润滑油及润滑脂。

每年一次，检查电加热元件、所有阀门及垫片。

每年一次，清洗前、后置过滤器滤芯。

3.2.4 压缩机操作

CNG 加气母站与 CNG 常规加气站使用的压缩机区别主要在进气压力以及排量上，操作过程基本相同，下面介绍 IMW 压缩机操作。

1. 工艺及设备简介

ALPH3-5000DA/250-3625-3WC 型压缩机采用整体橇装卧式对称二列三缸三级压缩，电动机与压缩机共同一个橇体，对称平衡布置，振动小；冷却系统为闭式循环，有可靠的安全放空和排污系统仪表自动控制完善可靠，能实现机组超速、超压、超温、超振动等全面自动保护。表 3.2-1 为 IMW 压缩机技术参数。

IMW 压缩机技术参数　　　　表 3.2-1

参　数　　项　目	天然气母站压缩机
型号规格	ALPH3-5000DA/250-3625-3WC
入口压力	1.6MPa
排气压力	25MPa
总排量	3000Nm³/h，1.6MPa，SUCTION
功率	336kW，1.6MPa，SUCTION
转速	1250rpm
防爆电机：	2×250HP，380V，50Hz　　级数 2 级

设备包括主机、压缩机级间管路系统、压缩机卸压和气体回收系统、压缩机冷却系统、压缩机润滑系统、压缩机电气控制系统、整体橇装等。

2. 操作细则

（1）压缩机工作条件

1）检查系统流程是否畅通。

2）检查压缩机机器及各部件是否符合开机条件。

3）检查配电系统及电压是否符合开机要求。

（2）启动

1）控制柜电源开关板到 ON 位置。

2) 控制柜触摸控制屏上无报警指示。

3) 压缩机内开关由"OFFLINE"转向"AUTO"。

4) 压缩机将根据 PLC 的程序进入开机状态，压缩机的操作将通过控制系统进行自动控制。

5) 重新运行。

(3) 停用

1) 压缩机内开关由"AUTO"转向"OFFLINE"。

2) 关闭气体进口阀门。

(4) 异常情况处理

1) 运行中如突然停电，应立即关闭压缩机电源，关闭压缩机进出口阀门，待恢复供电后，重新启动。

2) 一旦发现压缩机有严重天然气泄漏，用钥匙关机。

3) 与压缩机相连的加气机一旦发生泄漏，按下"ESD"按钮，切断压缩机与加气机的连接。

3. 安全注意事项

(1) 经培训合格人员方可进行压缩机操作，否则不得进入压缩危险区域。

(2) 在压缩机房周围工作时，要对天然气爆炸极限和氧气量进行监测。

(3) 当在橇体内工作时要保证橇体内通风良好。

(4) 在危险区域内要穿全棉质地的工作服和绝缘防护鞋。

(5) 当接近有压力的地方，工作人员应该配戴眼睛保护罩。

(6) 压缩机周围不应存放易燃易爆物品。

4. 日常维护

(1) 级间温度表：每 1000h 应测试一次压缩机关机的温度设置值。

(2) 压力表：入口压力表每 1000h 应测试一次压缩机关机的压力设置值。排气压力开关表每 1000h 应测试一次压力开关的设置值。

(3) 安全释放阀，每半年对压力表安全阀进行一次测试，每运行 500h 检查安全阀设置压力是否正常。

(4) 过滤器：入口过滤器每 2 个星期要对其进行一次排污，每 1000h 应更换一次滤芯。出口过滤器不是自动排污的压缩机系统应 2 个星期对其进行一次排污，每 1000h 应更换、检查一次滤芯。

(5) 分离器不是自动排污系统应每 2 个星期排污一次。

(6) 排空集气管每 2 个星期应对排空集气管进行了一次排污。

(7) 回收罐每 2 个星期应排污一次。

(8) 热交换器：定期把热交换器及整个压缩机系统灰尘打扫干净，保持压缩机系统的清洁干净。

(9) 皮带：每 2 个星期检查一次皮带的损坏情况和张力情况。

(10) 检查机身润滑油压力，在额定运行温度下，润滑油的压力是 50~60psi。润滑油压力低报警停机的润滑油压力下限是 35psi。压缩机的油进口最高温度电机润滑：压缩机主电机每运行 2000h，对其轴承润滑一次。

（11）观察设备运行情况：每天检查压缩机是否正常启动和停机，压缩机油位是否正常，查看压缩机是否有异常现象，并完成维护记录。观察设备运行情况：每天检查压缩机是否正常启动和停机，压缩机油位是否正常，查看压缩机是否有异常现象，并完成维护记录。

（12）检查机身润滑油液位。润滑油液位应该从观察口看到，如果看不到，查找出错原因并改正。不要把润滑油加的过满。

（13）检查注油泵的循环指示标志。

（14）检查压缩机填料的初级排污和次级排污口是否有大量气体漏出，如果有大量气体漏出，查找错误原因并改正，有必要可更换填料类。

（15）检查并排除气体泄漏点。

（16）检查并排除润滑油泄漏点。

（17）检查压缩机有无异常振动噪声。

5. 维修

（1）只有在压缩机关机和完全卸压的情况下，才能对其进行维护和维修。如果需要，须将内外系统和热交换器系统中的气体排空。首先，将控制面板上的主开关转到"OFF"的位置，在开始工作之前，打开压缩机级间分离器上所有手动排污阀以确保压缩机完全卸压。

（2）对压力容器和安全设备的每一次维修或修改都让相关部门重新做相应的检测工作。并出具相应的测试报告，存档备查。

（3）维修作业时，若使用电源或有明火，需先确定周围没有燃气泄漏或燃气滞留。在维修和维护工作过程中，要保持清洁，注重细节，如用干净的布，纸或胶带将未安装的散件和打工的部分盖住防止散落灰尘。

（4）在做完维护、维修工作后要确保没有工具或散件遗落在压缩机上或掉在压缩机内。

（5）不要用易燃的溶剂清洗零件。

3.2.5　天然气汽车加气机操作

以 HQHP-JQJ-Ⅱ/JQ3S-25 型天然气加气机为例，介绍一下天然气加气机操作。表 3.2-2 为 HQHP-JQJ-Ⅱ/JQ3S-25 型天然气加气机工艺技术参数。

HQHP-JQJ-Ⅱ/JQ3S-25 型工艺技术参数　　　表 3.2-2

项　目	参　数
型号规格	HQHP-JQJ-Ⅱ/JQ3S-25
流量	1~28kg/min
标准充气压力	20MPa
加气嘴	NGV-2
计量方式	质量流量计
工作环境温度	－10~45℃

1. 操作

(1) 要求车辆按指定停车线停车,关闭汽车发动机,拉上紧急刹车,杜绝一切明火,打开加气孔,拿下防尘罩。

(2) 加气工进行充装前的必要检查,检查系统各部位是否正常,是否符合加气要求。

(3) 加气工将接地线与加气车辆连接。

(4) 检查汽车加气接口处阀芯是否按动,如果按动,则可操作,否则,检查加气车辆出口处阀门。

(5) 将加气嘴从加气机上取下,将其插入加气车辆的加气接口,听到"咔嚓"的声音确认连接牢靠锁住为止。

(6) 将加气嘴的阀门手柄从"放空"位置逆时针旋转到"加气"位置。

(7) 打开加气车辆的总阀。

(8) 按下加气机上的控制按钮,加气机发出 3s 的蜂鸣声,表示加气过程开始,此时加气机显示屏上的加气量和总金额显示为零,然后开始计数。

(9) 加气完成后,加气机再次发出三秒钟的蜂鸣声提示加气完成。

(10) 再次按下加气机上的控制按钮复位。

(11) 将加气嘴的阀门手柄从"加气"位置顺时针旋转到"放空"位置,并听到气体放散声(加气机旁配有紧急手动切断按钮,充装中如有意外时,可手动按下此按钮)。

(12) 关闭加气车辆上的总阀。

(13) 加气工一只手握住加气嘴组件,另一只手往回拉加气嘴套管,将软管从汽车接气口上摘下将加气嘴组件放进加气架。

(14) 加气工将接地线从加气车辆上摘下。

(15) 由司机将防尘罩盖上,关闭加气孔。

(16) 加气工进行充装后的检查确认加气完毕,指示司机启动发动机方可驶离气区。

2. 安全注意事项

(1) 车辆进站后限速 5km/h,停在站内的车内的车辆,司机不能远离,不准在站内试车、修车。

(2) 进入站内的操作人员应穿着导静电鞋、防静电工作服和防静电手套,不准穿着化纤衣服;若无静电工作服,可以用纯棉工作服代替。进入站内管理人员也不得穿着钉鞋和化纤衣服。

(3) 如因设备故障或管道阀门泄漏等原因不能马上供气,应马上通知有关人员,组织力量抓紧抢修。

(4) 严格执行各项操作规程,发现火险隐患应及时处理,听到泄漏警报,必须尽快查出漏点并及时进行维修。

(5) 与安全阀串联的阀门必须常开,所有仪表应经常进行检查,如发现异常现象,停机及时处理,确保仪表显示的准确性。

(6) 站内的消防器材必须每日进行一次检查维修,以确保消防器材经常处于良好状态。

(7) 熟悉各项规章制度,安全管理制度,工艺操作规程,天然气的物理、化学性能,学会各种消防器材的使用和灭火技术,掌握门站内各种设备和阀门的主要技术参数、性能、工作原理、操作规程、设备小修和保养知识。

（8）要养成对设备管道和阀门勤检查、勤保养的好习惯，勤打扫卫生、美化周围工作环境，消除站内垃圾及脏物等。

（9）加气机在工作状态下的加气流量应大于 $0.25m^3/min$ 的要求。加气机的计量要求精度不应低于 1.0 级，计量应以立方米（m^3）为单位，最小分度值为 $0.1m^3$。

（10）加气计量应进行压力、温度补偿并换成标准状态（压力为 101.325KPa，温度为 293.15K）下的数值。

（11）在寒冷地区应选择适合当地环境温度条件的加气机，确保正常运转和计量的准确。

（12）加气机的进气管上应设防撞事故自动切断阀，确保加气的安全。加气机的加气软管上应设拉断阀，拉断阀在外力的作用下分开后，两端应自行密封。

（13）加气软管及软管接头应选用具有耐腐蚀性能的材料。

（14）每天对加气机各部件、阀门应进行检查和维护保养，发现问题及时处理，随时保持整台加气设备整洁、灵光、性能良好，处于最佳运行状态。

3.2.6 储气井操作

（1）加气站储气井是由三口储气井并联使用，分别作为高、中、低压井，其最高工作压力不得大于 22MPa，否则应立即关闭压缩机，停止向储气井充气，最低工作压力不得低于 18MPa，否则应立即用压缩机予补充增压。

（2）储气井允许压力波动幅度为 18～22MPa，设备使用寿命为压力波动幅度下循环次数不大于 80000 次。

（3）压缩机初次向储气井充气（压力由 0～22MPa）和储气井排空（压力由 22～0MPa）时，必须保证其压力升降速度不大于 0.25MPa/min。

（4）压缩机给储气井补气过程中，必须保证其压力升降速度合理。

（5）储井给汽车气瓶充气过程中，首先应用低压井向车用气瓶充气，当压力与气瓶压力达到平衡时，则启动压井给车用气瓶充气，当压力与气瓶压力达到平衡时，则启动高压井给车用气瓶充气，如此循环即可。

（6）储气井每月排放一次污，保证储气井中压缩天然气的气质和储量，气质较好可适当延长排污周期。

（7）排污前应按应急预案在排污口周围拉起警示带，做好必要的应急准备，排污时井内压力不应超过 10MPa。平稳开启排污阀，进行排污作业，排至没有污水和油污为止，如排污过程中排污阀结霜严重则应暂停排污，等结霜消除后再进行排污作业。排污时，站长和安全员均应在现场监护，禁止在大雾或下雨时进行排污作业。如果几次排污均未排除污水和油污，则可能是排污管堵塞，这时应及时联系专业公司对排污管拉出进行检查，以免污水和油污长期积聚在井筒内，加速井筒内壁的腐蚀。排污时，首先应关闭与压缩机系统相连的进出气阀门，排污人员侧身站立，逐渐缓慢开启排污第二级阀门，听到轻微气流声即可，直接排污无污水输出，关闭第二级排污阀，开启进出气阀门，该储气井恢复原始工作状态，该井排污完毕。

（8）加强日常检查和维护，重点检查储气井是否存在泄漏、冒井、沉井、变形、损伤、腐蚀、部件松动等情况，并进行详细记录。

日常检查和定期检查主要是检查储气井地上部分，日常检查主要应做下列工作：

1) 查泄漏，每天对储气井的所有接口、阀门、上封头用检漏仪或肥皂水进行检查。

2) 查管线有无变化，每天检查储气井进出口管线的位置和角度有无变化，如果进出口管线位置和角度发生变化，则容易造成应力集中现象，造成卡套脱开的事故。

3) 查腐蚀情况，检查管线、阀门、井管裸露部分有无腐蚀情况，如出现腐蚀情况，应及时处理。

4) 填写检查记录，每天应认真记录储气井的压力变化情况，填写检查记录，如实记录储气井的运行情况。

5) 在检查时，检查人员应注意所站位置，切不可站在与进出管线同一轴线上。

每月检查一次井身有无上冒或下沉现象，测量上封头与地面的距离、进出气管与地面的距离，和以前的检查记录作对比，判断井身有无移动。同时，还应检查与井筒连接的地面有无裂缝和裂缝的变化情况。

4 CNG 加气子站

CNG 加气子站是使用车载储气瓶组拖车运进 CNG，通过加气机为汽车 CNG 储气瓶充装 CNG 的场所。CNG 加气子站建设在没有管道气源的地区，用于给出租车和公交车加气。CNG 加气子站分为液压子站和压缩子站两种。

4.1 压缩子站

压缩子站主要设备包括活塞式压缩机、储气井、子站拖车以及加气机。子站拖车可以为储气井补气，也可以直接为加气机供气；如果储气井的压力不能满足加气机的需求，优先控制系统将启动压缩机，为储气井补气。

4.1.1 压缩子站工艺流程

压缩天然气由子站拖车从 CNG 加气母站运至站内，与卸气柱连接后进入加气站压缩机进气系统，在压缩机进气口前压缩天然气分为三路：一路通过旁路管线直接接到加气机的低压管路系统，如果有加气需求，子站拖车将作为低压储气瓶组，首先给加气机的低压管充气；一路连接到压缩机进口管路上，当高压 CNG 储气瓶组低于 22MPa（可调）时，压缩机系统进入工作状态；另一路连接到中压 CNG 储气瓶组，可直接向中压 CNG 储气瓶组补气。压缩子站工艺流程图，如图 4.1-1 所示。

图 4.1-1 压缩子站工艺流程图

压缩子站通过优先控制系统动态地控制整个加气站的加气过程、CNG 压缩子站储气瓶组配置为中、高压储气瓶。当子站拖车上的气体压力低于 3MPa 时，压缩机自动停机，子站拖车又重新返回 CNG 加气母站进行加气。压缩子站价格低且技术成熟，但因机组不能频繁启动，需要增加大容积的储气瓶组，增加了建站费用。压缩机停机后需将压缩机内的高压余气全部放空，需要废气回收系统。压缩机运转时噪声大。

当子站拖车上的气体为 7.5～20MPa 时，拖车上的压缩天然气通过压缩机上的气动阀自动切换进入压缩机二级气缸，通过一级压缩到 25MPa，经压缩机上由 PLC 控制的优先顺序控制阀首先向高压 CNG 储气瓶组充气，然后向中压 CNG 储气瓶组充气，直到全部达到 25MPa 时停机。随着半挂拖车上的气体被不断抽出，气体压力也在不断下降。当半挂拖车上气体压力降到 7.5MPa 以下时，气体通过压缩机上的气动阀门自动进入压缩机一级缸，通过二级压缩到 25MPa 充入高、中压 CNG 储气瓶组，当子站拖车上的气体压力低于 3MPa 时，压缩机自动停机，子站拖车又重新返回 CNG 加气母站进行加气。

如果 CNG 储气瓶组的压力不能满足加气机的需求，此时智能化的优先控制系统将给 PLC 一个信号，启动压缩机，给储气瓶组补气到 25MPa。加压的顺序首先是高压储气瓶组，然后是中压储气瓶。当储气瓶充满时，压缩机停机。

压缩子站的智能控制系统利用预设的优先控制程序，动态地控制整个加气站的加气过程，将压缩天然气通过加气机直接给汽车加气，或者供给储气瓶组。加气机一般按子站拖车，中压 CNG 储气瓶组，高压 CNG 储气瓶组，压缩机的顺序取气。在紧急情况下，优先控制盘内的电磁阀将切断子站拖车、压缩机和储气瓶组的压缩天然气供应。

系统采用橇装式压缩机系统实现对气体的压缩，通过优先控制盘来对气体进行管理。压缩机系统的可编程序控制器对整个系统进行信号采集、故障诊断、故障显示、优先顺序控制、顺序启动/停机等全过程管理，以无人值守全自动方式工作。优先顺序控制系统安装在压缩机橇体上，压缩机充气按照天然气汽车，高压 CNG 储气瓶组，中压 CNG 储气瓶组优先级顺序进行。

在给天然气汽车加气时，按照子站拖车，中压 CNG 储气瓶组，高压 CNG 储气瓶组，天然气压缩机优先级顺序为车辆加气。为了保证安全，防止发生事故，该机除自动控制中的压力保护外，压缩机各级均设有安全阀，一、二级安全阀分别安装在相应的油水分离器上。当各级气压超过规定值时，安全阀将完全打开，排放的气体集中放空。

4.1.2 压缩子站设备构成

以常见压缩子站为例压缩子站配置见表 4.1-1。

压缩子站配置表　　　　　　　　　　　　　表 4.1-1

序　号	名称及规格	单位	数量	备　注
工艺设备	天然气压缩机组（带自动优先控制盘，平均排量 1186m^3/h）	台	1	
	储气瓶组（8m^3，水容积）	台	1	
	加气机（双枪三线）	台	2	
仪表	储气系统的压力表、温度表（计）、现场及远传仪表	台	1	
	可燃气体检测报警仪	台	1	

1. 压缩机组

（1）系统配置：压缩机系统采用橇装式结构，橇装底盘上安装了压缩机、电动机、控制系统、安全防护系统、风冷式冷却器、气体净化系统及回收系统，橇块外部配备具有隔音、降噪、防火作用的防护罩。压缩机系统的主要功能配置表见表 4.1-2。

压缩机系统的主要功能配置表　　　　　　　　表 4.1-2

序　号	配　置	序　号	配　置
1	外罩	4	级间空冷系统
2	压缩机排污系统	5	级间安全阀
3	二级压缩机	6	电动机

续表

序 号	配 置	序 号	配 置
7	自动排放系统	13	紧急停机系统
8	可更换内件的压缩机进气过滤器，$5\mu m$ 的过滤滤芯	14	排气管上的压力安全阀
9	压缩机进气自动保全电磁阀	15	自动放散系统
10	压缩机控制系统	16	火警和气体泄漏报警探测仪
11	优先控制系统	17	全套的阀门、执行器
12	控制和操作橇体的计算机管理系统		

（2）压缩机组气路系统流程如图 4.1-2 所示。

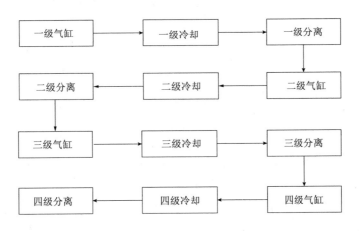

图 4.1-2 气路系统流程图

气路系统的主要作用是将气体引向压缩机，经压缩机各级压缩之后，再引向使用场所。天然气进入一级气缸，经过一级压缩后进入一级冷却器及一级油水分离器进行冷却并分离，然后进入二级压缩，依次类推，共经过四级压缩、冷却和分离后进入储气容器。为了防止气体回流，压缩机在送气阀前安装了单向阀。压缩机各级排气管上设置安全阀。

（3）压缩机

压缩子站的天然气压缩机通常采用立式压缩机为天然气增压，而空气压缩机常采用角度式压缩机。

1）立式压缩机

立式压缩机的气缸中心线与地面垂直如图 4.1-3 所示。由于活塞环的工作表面不承受活塞的重量，因此气缸和活塞的磨损较小，活塞环的工作条件有所改善，能延长机器的使用年限。立式压缩机的负载使机身主要产生拉伸和压缩应力，机身受力简单，所以机身形状简单，重量轻，不易变形。往复惯性力垂直作用在基础上，基础的尺寸较小，机器的占地面积小。但是要求厂房高，机体稳定性差，对大、中型结构的压缩机，安装、操作维修都比较困难。

图 4.1-3 立式压缩机

2) 角度式压缩机

角度式压缩机的各气缸中心线彼此成一定的角度,但不等于 180°。由于气主缸中心线相互位置的不同,又分为 L 形、V 形、W 形等,如图 4.1-4 所示。角度式压缩机拆装气阀、级间冷却器和级间管道连接方便、结构紧凑、动力平衡性较好,多用于小型压缩机。

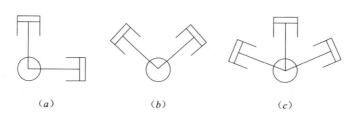

图 4.1-4 角度式压缩机的几种构型
(a) L形;(b) V形;(c) W形

L 形结构:当两列往复运动质量相等时,机器运转的平稳性比其他角度要好。当采用两级压缩,可将大直径的气缸垂直布置,小直径的气缸水平布置,因而可避免较重的活塞对气缸磨损的影响。

V 形结构:当各列往复运动质量相等而且气缸中心线夹角为 90°,平衡性最好,夹角为 60°时,结构最紧凑。

W 形结构:当各列往复运动质量相等而且气缸中心线夹角为 60°,动力平衡性最好。

以 ZW-0.36/30-250D 型天然气压缩机为例,该压缩机为无油润滑,其结构型式为立式,两列,两级,风水冷。主要由机身、曲柄连杆机构、活塞、气缸及冷却器组成。隔爆异步电动机用联轴器与曲轴相连,活塞通过十字头、连杆与曲轴、曲拐相连。当曲轴由电动机带动回转时,活塞在气缸中做往复直线运动进行气体压缩。

压缩机为全自动设计,当进气压力为 7.5~22MPa 时,压缩机一级压缩;当进气压力为 3~7.5MPa 时,压缩机两级压缩;当进气压力为大于 22MPa 时,压缩机不启动,天然气直接进入加气机。

压缩机正常运行时只能在全自动状态下，不能在手动状态下运行，手动状态只能用于调试。

整机为橇装式，主机和电动机固定在底座上，主机、电动机、冷却器、缓冲回收罐及管路连接成一个完整的压缩机。本机设有安全保护装置和控制测量仪表。该压缩机的主要技术参数见表4.1-3。

压缩机技术参数　　　　　　　　　　　　　　　　表4.1-3

项　目		规定数值	备　注
体积流量（m^3/min）		0.36	
进气压力（MPa）		3.0～22	表压力
进气温度（℃）		≤30	
排气压力（MPa）		25	表压力
轴功率（kW）		56～84	
行程（mm）		110	
转速（r/min）		740	
气缸活塞杆直径（mm）	Ⅰ级	$\phi85/\phi45$	
	Ⅱ级	$\phi62/\phi45$	
主机质量（kg）		2350	
机组外形尺寸（长×宽×高），mm×mm×mm		4400×2600×2810	
压缩机成套设备质量（kg）		8050	包括主机、辅机、管路、电动机
电动机	型号	YB315Ll-8	
	转速（r/min）	740	
	功率（kW）	90	
	电压（V）	380	
	质量（kg）	1100	
	转向	从电动机端看顺时针旋转	

（4）压缩机电动机主要技术参数见表4.1-4。

压缩机电动机主要技术参数表　　　　　　　　　　表4.1-4

类　型	隔爆电动机
额定功率（kW）	75
转速（r/min）	610
电压（V）	380
频率（Hz）	50
防爆等级	DⅡBT4
联轴器类型	弹性膜片式联轴器

(5) 风冷式冷却器性能见表 4.1-5。

风冷式冷却器性能表　　　　　　　　　　　　　表 4.1-5

管路数	气体 2 路，压缩机润滑油 1 路
风扇驱动器	隔爆电动机
传动方式	皮带传动
排气温度	不高于环境温度 20℃

(6) 隔音防护罩外壳由彩钢板制成，安装在墙内的特殊材料可提供隔音、防火功能。外罩的门和可移动的控制板设计更有益于操作和维护，它们的位置安放灵活，易于对橇体中的主要设备进行维护和修理工作。罩内同时还装有防爆照明装置。压缩机橇体装有红外线气体泄漏探测装置，此装置包括一个气体泄漏探测仪及报警装置，当气体泄漏量达到爆炸极限下限浓度值的 20% 时，整个站的所有设备将被关停，隔音罩性能见表 4.1-6。

隔音罩性能表　　　　　　　　　　　　　　　　表 4.1-6

基本构造	彩钢板
外表处理	环氧树脂喷涂 橇块内墙为镀锌喷涂钢板，内有隔音及保温材料
隔音效果	距离防护罩 1m 远，噪声小于 70dB
电气等级	防爆

(7) 电控系统采用 PLC 自动控制系统，位于中控室，每个压缩机橇块中设一套 PLC 控制系统。PLC 可以集中控制压缩机所有功能，并可同时控制电动机、冷却系统、回收系统优先顺序控制系统的所有操作保证压缩机能安全运行。

其主要性能特点如下：

1) 压缩机各级的进/排气压力以及润滑油温度等工况参数值均通过变送器以实时方式传输给 PLC，从 PLC 上可进行实时控制和显示并且很容易在 PLC 上调整和设置参数。

2) 触摸式图表/曲线显示屏幕，全中文操作界面，可向用户提供一个易于操作的友好平台。

3) 可自动或手动来操作压缩机启/停机。

4) 带有压缩机运行累计工作时间计时器。

5) 可自动向回收罐排放分离器及过滤器中的积液。

具体控制项目及动作方式见表 4.1-7。

具体控制项目及动作方式一览表　　　　　　　　表 4.1-7

项　目	状　态	类　型	动　作
压缩机油压	低	开关压力表	关断
压缩机油位	低	低液位开关	关断

续表

项 目	状 态	类 型	动 作
气缸润滑油流量	低	流量开关	关断
吸气压力	低/高	传感器	关断
第一级排气温度	高	温度传感器	关断
第二级排气温度	高	温度传感器	关断
第一级排气压力	高	压力传感器	关断
第二级排气压力	高	压力传感器	关断
储存压力	低/高	压力传感器	启动/关断
橇体内天然气浓度	高	探测器	报警
驱动电动机过载	—	探测器	关断
风扇电动机过载	—	探测器	关断
紧急关断	—	开关	关断

2. 储气设施

(1) 储气设施分类

压缩子站储气设施通常采用储气瓶组、储气井以及车载储气瓶组作为储气设施。

1) 储气瓶组通过管道将多个储气瓶连接成一个整体的储气装置。储气瓶组在 CNG 常规加气站中已经进行过介绍，二者的区别在于 CNG 常规加气站储气设施的总容积不应超过 30m³，而压缩子站固定储气设施的总容积不应超过 18m³。

2) 储气井竖向埋设于地下且井筒与井壁之间采用水泥浆进行全填充封固，并用于储存 CNG 的管状设施由井底装置、井筒、内置排液管、井口装置等构成。

3) 车载储气瓶组即压缩子站拖车。

(2) 结构原理

1) 储气瓶组在 CNG 常规站中已经介绍过，这里不再详述。

2) 储气井是 CNG 加气站用于储存压缩天然气的立井，主要由井口装置、井底封头与井筒组成，如图 4.1-5 所示。储气井需要根据井深决定井筒和管箍接头的数量，下封头置于井底通过固井水泥进行固定上封头上开有排污口和进排气口，排污口下部吊了一根排污管通至井底，有些储气井为了结构简化还将进排气口合二为一。储气井也有缺点，如耐压试验无法检测强度和密封性，制造缺陷也不能及时发现，排污不彻底，容易对套管造成压力腐蚀等。

3) 压缩子站拖车。压缩子站拖车是由储气瓶组、瓶阀、主阀、端塞、管路、爆破片和导静电带等组成。以八瓶长管拖车为例，拖车后仓有八个瓶阀、八个排污阀和一个主阀，用于控制钢瓶内天然气的装卸及排污。

3. 加气设备

压缩子站加气设备包括卸气柱和三线加气机。

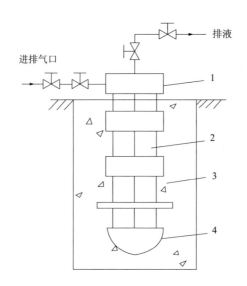

图 4.1-5　CNG 储气井结构示意图
1—井口装置；2—井筒；3—固井水泥；4—井底封头

（1）三线加气机

压缩子站加气机一般采用高、中、低压三组储气瓶组的工作方式，由于采用三组储气瓶系统，所以加气机有三组根进气管，分别与高、中、低压三组储气瓶相连。加气机由机壳、电脑控制器、压力传感器、防爆电源盒、防爆接线盒、过滤器、单向阀、电磁阀、质量流量计、应急球阀、压力表、拉断阀、高压软管、枪阀、加气枪头及无缝不锈钢管和不锈钢接头等部件组成。

（2）卸气柱

卸气柱是一种不带限压功能的加气机，主要用于将压缩天然气由移动储气设施充装到固定储气容器。其工作原理是子站拖车中的压缩天然气进入卸气柱后，通过加气枪、高压软管、拉断阀、快速切断阀和单向阀，进入质量流量计进行计量，然后充装到储气瓶组（井）中。加气完成后，关闭快速切断阀停止加气。电子计控器采集流量计在计量过程中输出的流量信号并进行运算和显示。

4.1.3　压缩子站设备操作

压缩子站设备操作主要包括压缩子站、压缩机压缩子站拖车以及储气井的操作。压缩子站拖车操作包括指引子站拖车停放、卸气前检查、卸气操作和卸气后操作；压缩子站压缩机操作包括压缩机开机前的准备工作和压缩机的操作；储气井操作包括储气井日常巡检和储气井排污。

1. 压缩子站压缩机操作

（1）压缩机开机前的准备工作

1）检查各部位运动部件的连接是否有效可靠。

2）检查清洗机身油池和吸油过滤网，清理干净后，向油池内加入经过滤干净的润滑油及适当比例的抗磨剂，最高油位为不碰曲轴和连杆，最低油位必须保证淹没整个过滤器。

3) 检查电器仪表等确认符合要求。

4) 启动水泵检查冷却液的流动情况，保证各支路冷却液量分配均匀，同时检查和清除冷却管路的一切外漏。

5) 启动预润滑油泵向各润滑面加油至十字头滑板处出油为止。

6) 盘车确认运动灵活无不正常现象后，点动电动机确认转向，从电动机端看机器应是顺时针转动。

(2) 压缩机的操作

1) 压缩机开车和停车

①压缩机的正常开车，经过前述各项试验，消除一切不正常的问题以后，并且水压、油压符合规定后方可开车。

②压缩机控制柜备有紧急停车按钮，当发生紧急情况需要立即停车时，可按"紧急停车"按钮停车，停车后，再按正常停车步骤操作。

③停车检修时，在关闭压缩机进出阀门以后要放空压缩机内的气体压力，才可以进行拆卸零件的工作，以免有压气体膨胀，弹出零件伤及人身。

④压缩机长期停车，要用总进水管处的球阀放出压缩机内的全部冷却液避免锈蚀，冬天则防止冻裂零件。

2) 润滑油系统操作

手动控制：设备调试时，系统处于手动状态。油加热器控制中的启动、停止按钮可单独控制油加热器的启停，当油温大于上限时，加热器自动停止加热，"油加热器启动"按钮无效；预润滑油泵控制中的启动、停止按钮可单独控制预润滑油泵的启停。

正常状态系统处于自动状态。预润滑油泵启停是 PLC 控制的，齿轮油泵位于机身一端，由曲轴带动。齿轮油泵的油压可由泵体上的回油阀调节，油压过高时，油推开阀门溢流回油池，经过滤器上装有过滤前油压表和过滤后油压表接点。过滤后的油压表安装在开关箱上。两压力表的压差确定过滤器的脏污程度，油泵的工作油压为 0.25～0.4MPa。润滑油压力是过滤后的油压。

3) 压缩机冷却系统操作

操作员界面选择手动运行方式，系统处于手动状态。水泵控制当中的启动、停止按钮可单独控制水泵的启停。冷却风机控制中的启动、停止按钮可单独控制冷却风机的启停。换气扇控制中的启动、停止按钮可单独控制换气扇的启停。正常情况下操作员界面选择自动运行方式，系统处于自动状态。水泵运行，延时 10s 冷却风机运行，若隔音房温度高于上限开启换气扇。

4) 压缩机仪表风系统操作

①仪表风系统启停压力：在仪表风系统中，压力开关控制空气压缩机的启停，仪表风的压力应为 0.4～0.75MPa，当压力低于 0.4MPa 时自动启机，当压力达到 0.75MPa 时自动停机。

②压力开关调整方法：设定压力时将压力调整螺栓右旋，则设定压力升高，反之则设定压力降低；调整压差时将压差调整螺栓右旋，则电源切断的压差幅提高，反之则压差幅缩小，压力调整螺栓和压差调整螺栓互有关联，应妥为调整；仪表风过滤器的排污每小时排一次。

2. 压缩子站拖车操作

(1) 指引子站拖车停放

1) 将拖车停放在指定的安全作业区，熄灭牵引车发动机。

2) 用挡块双向固定好拖车，打开拖车后仓门，并将仓门规定在拖车两侧。

3) 将卸气点的静电接地线与拖车后仓的导静电片连接。

4) 按下拖车自动刹车装置，放置拖车的支撑底座，摇下拖车支腿，让牵引车离开。

(2) 卸气前检查

1) 检查并驱逐作业区内无关人员。

2) 用测漏仪检查子站拖车前后仓内附是否有泄漏现象。

3) 检查各仪表显示正常，确认与卸气相关装置的外观无异常时，再进行下一步操作。如果发现问题必须处理完问题后再进行卸气操作。

(3) 卸气操作

1) 缓慢打开卸气柱和拖车后仓放散阀，确定管路内不含压力时，将卸气柱软管与子站拖车主阀保持水平位置对接确认连接完好并关闭放散阀。卸气柱软管连接示意图如图 4.1-6 所示。

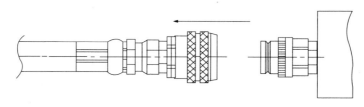

图 4.1-6　卸气柱软管连接示意图

2) 依次缓慢打开后仓 8 个瓶阀。

3) 缓慢开启主阀，可以听到卸气的声音，同时观察卸气柱上压力表与拖车上的压力表应一致。

4) 缓慢打开卸气柱自动进气球阀，系统进入卸气过程。

(4) 卸气后操作

1) 先关闭子站拖车上的加气主阀、再分别关闭 8 个瓶阀，随后关闭卸气柱上的进气阀，再打开主阀上的放散阀或卸气柱上的放散阀，将卸气软管卸压，此时方可卸下卸气柱软管。

2) 收起辅助支腿，插好销轴及保险销，检查牵引车与子站托车连接情况，移走支撑底座及车轮挡块。

3) 拆下导静电带，松开拖车安全阀，关闭仓门，移走子站拖车。

(5) 子站拖车操作注意事项

1) 卸气操作时，一定要先打开卸气柱和拖车后仓放散阀放散，确定管路内不含压力时，方可进行下一步操作。

2) 卸气柱软管与子站拖车主阀连接后，操作人员对软管连接处要有拉伸动作，确认连接可靠。

3) 拖车移走前，要确认拖车各处连接已拆下。

3. 储气井操作

储气井操作主要包括储气井检漏、储气井固定装置检查以及储气井排污等操作,下面分别进行介绍。

(1) 储气井日常巡检

储气井在使用过程中管件、阀门、仪器仪表连接部位出现漏气以及仪器仪表计量不准、损坏等故障,因此必须对储气井进行日常巡检,具体如下:

1) 检查各管件接口有无漏气。
2) 检查安全阀检测标志是否在有效期内。
3) 检查压力表显示是否正常、接口有无漏气。
4) 检查压力表检测标志是否在有效期内。

(2) 储气井排污

储气井运行一段时间后,天然气中的油和水会在井底沉积,尤其是天然气中含有硫化氢,溶于水后对井底造成腐蚀,容易产生"氢裂"现象,因此必须对储气井进行排污。储气井由井口装置、井筒和井底封头组成,其结构示意图如图 4.1-7 所示。

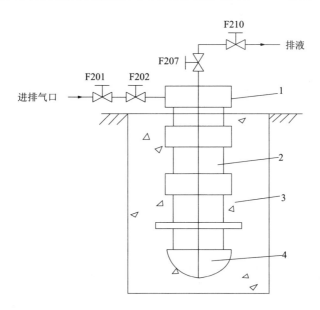

图 4.1-7 储气井结构示意图
1—井口装置;2—井筒;3—固井水泥;4—井底封头

1) 储气井的排污可以在压缩机运转的情况下进行,先打开排污罐的排污阀,使排污通道畅通。
2) 再开启排污阀 F207,缓慢开启针阀 F210,此时可以明显听到气体流动声音,用针阀控制气体的流速,观察排污阀处残液流出情况,直至没有残液流出为止。
3) 先缓慢关闭 F207,再关闭针阀 F210,排污结束。

(3) 储气井排污注意事项

1) 先打开排污罐底排污阀,再进行储气井排污。
2) 开启或关闭储气井组阀门时动作要缓慢,严禁猛开、猛关。

3）定期对储气井进行排污工作，并将排污情况记录在表格上。

4）排污操作时严禁闲杂人员围观，密切注意附近情况，严禁明火，严禁多井同时排污；同时要注意阀门开关顺序。

5）排污时严禁操作者将手伸向排污管口。要用容器接纳排出物，排出物应按照相关规定进行集中处理。

6）储气井组排污工作，要由专人进行。如果排污时发现异常情况立即上报，由专业人员处理。

7）排污结束后要保持排污场所清洁。

4.2 液压子站

液压子站是以自动控制的方式，运用液压增压成套专用设备，将循环油以高压注入子站拖车内装有压缩天然气的储气瓶中，将储气瓶内的压缩天然气推出，经油气分离、过滤再通过站内的加气机为车辆加气。图4.2-1为液压子站。

图 4.2-1 液压子站

4.2.1 液压子站工艺流程

液压子站主要由液压橇体、子站拖车、空气压缩机、控制柜和加气机等设备组成。控制系统发出指令，对应的电磁阀、气动执行器、球阀便进行相应的动作，自动完成注油、回油以及相应高压气体阀门的启闭。当液压子站拖车停到相应的停车位置后，分别连接液压油高压管路、压缩空气控制管路、压缩天然气高压管路等。关闭放散阀门，打开相应的手动阀门，检查无误后即可开启液压系统，子站拖车开始给加气机供气，液压子站工艺流程如图4.2-2所示。

液压子站是利用橇体内液压泵直接将循环油注入液压子站拖车的储气钢瓶中，将钢瓶内的压缩天然气推出，再通过站内的加气机把高压天然气注入汽车的储气瓶内达到给汽车加气的目的不需采用其他增压设备。其加气过程如下：

首先启动油泵，利用液压系统将自动三位四通阀置于升起位置，将子站拖车集装箱框架顶起仰角13°，为系统运行做好准备工作。当刚刚开始启动设备或PLC控制系统检测到液压系统压力低于设定值时，液压泵启动，向CNG钢瓶内注入液态循环油。在液压泵出口设调压阀，并设压力变送器，溢流阀调定液压油出口压力，其控制范围20～22MPa。当液压系统压力达到高限22MPa（或用户设定值）时，系统在压力变送器的恒定压力信号经PLC处理发出指令，插装阀打开，系统卸荷；并通过旁通回路把泄压了的液体回流到液体储罐中；液压泵经一定时间的延时，如果系统压力仍然维持在设定范围之内，PLC 再次发出指令使电动机停止转动，液压泵停止工作；当系统压力降至低限 21MPa（或用户设定值）时，电动机启动，液压泵重新开始工作。

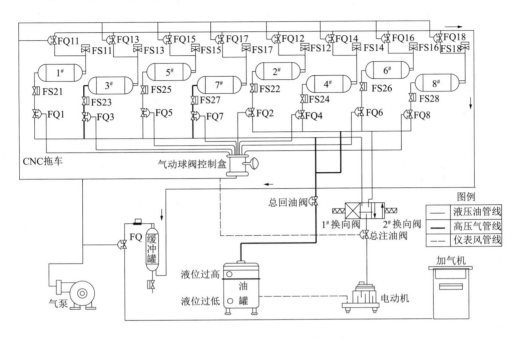

图 4.2-2　液压子站工艺流程图

液压子站设备的运行由控制系统的 PLC 控制，PLC 发出指令将相应电磁阀打开，给对应气动执行器动力，推动球阀转动打开，依自动控制程序完成注循环油、回循环油，以及相应高压气体阀门的启闭。当加满气的子站拖车来到子站停到相应的停车位置后，分别连接液压高压管路、控制用压缩空气控制管路及 CNG 高压管路等，打开相应的手动阀门，关闭放散阀门，检查无误后即可开启液压系统，开始给加气机供气。当系统开始工作时，首先第一个钢瓶上的液态循环油气动阀门和出气阀门打开，三位四通阀门 A 口供油，在液压泵的作用下，液体介质开始注入子站拖车的第一个钢瓶同时高压天然气被推出钢瓶。当大约 95% 的天然气被推出后，液位开关得到信号，经延时 2s（可调），三位四通阀换向 B 口供油，第一钢瓶出气阀关闭，第一钢瓶内液态循环油在剩余气体推动下，通过三位四通阀、总回油阀回到油箱。同时第二钢瓶液态循环油阀打开液态循环油进入第二钢瓶，第二钢瓶出气阀打开。自动控制系统使设备自动运行，继续加气过程。当第一个钢瓶内的液态循环油全部返回到液体储罐后光电控制回路检测到信号，自动控制系统发出指令，总回液阀关闭，一号钢瓶液态循环油阀关闭，完成第 1 单元工作。设备运行时，由 PLC 程序控制实现 8 个钢瓶依次顺序工作，各单元回液后约 5~10min 插入二次回油子程序。气动执行器根据 PLC 控制程序适时开启和关闭各钢瓶的注液态循环油阀、出气口阀，依次转换各工作钢瓶。

当前一辆子站拖车的天然气卸完气后，由人工调换快装接头到第二辆子站拖车（转接时间约 3~5min），实现加气站不间断运行。在人工调换快装接头时须注意：先把注液态循环油软管、高压气管、控制用压缩空气控制管路 2 个控制用压缩空气快装接头调换过去，留下回液软管和第8个钢瓶的回液阀门控制压缩空气管，留下的回液软管，待第8个钢瓶回液完毕后，立即把回液软管和第8个钢瓶的回液阀门控制用压缩空气管调换至第二辆子站拖车上。

设备运行时，除更换子站拖车时由人工操作外，整套设备的所有动作均由设备自带的PLC程序控制，不需人工干预。

4.2.2 液压子站设备构成

液压子站组成主要为液压橇体，液压子站拖车、加气机构成。

1. 液压橇体

(1) 液压系统

液压系统由高压泵、过滤器、溢流阀、液体储罐、注回循环油管路系统、高压管件、注液控制阀、换向阀、回液电磁阀、压力表、循环油液体等部件组成。

1) 压力表：量程为0~40MPa，用于现场显示高压泵出口的压力。它通过打开针阀控制，则压力表显示当前压力；关闭针阀，打开泄压阀切断高压液体管路，同时把压力表之间管线内的压力介质泄压并部分回流到储罐中。

2) 增压系统：含高压泵、溢流阀、注液控制阀、换向阀、回液电磁阀、高压管件等。

高压泵：型号：HY12-60-2500/UK，设计工作压力：40MPa。

高压管件：耐压31.5MPa。

换向阀：耐压31.5MPa。

3) 回液电磁阀：用于控制高压液体介质回流时的通断，达到系统稳定工作的目的。

4) 循环油液：在工作温度-40~50℃时保证系统正常工作。

5) 液体储罐：含液位计、低压过滤器等。液位计由连通管、液位控制装置、高强树脂管组成，液位计具有指示液位、传递液位信号至自动控制系统、控制液位等功能。其控制参数已在出厂时设定好，用户不能变动。寒冷季节使用时，应采取保温措施。

6) 子站拖车顶升装置与专用半挂车液压系统：由压力表、单向阀、手动换向阀、主控阀板、顶升油缸以及快装油管等组成。

(2) 动力照明系统

动力照明系统由液压节能型天然气汽车加气站橇体内隔爆型三相异步电动机（主电动机：功率30kW，1470r/min，380V，dⅡBT4）、防爆照明灯、空气压缩机用三相异步电动机组成。

(3) 自动控制系统

自动控制系统主要由控制柜及与之相连的电路系统组成。

控制柜包括PLC、软启动器、隔离栅、按钮、电磁阀和空气断路器等主要部件。通过PLC控制系统的自动运行，对子站设备进行自动监控，并在面板上实时显示设备的工作单元、工作的压力及电动机电流等参数。

(4) 气动系统

气动系统由小型压缩机、气源净化装置、吸附式干燥机气动执行器等组成。自动控制用压缩气源设备，容积不小于$0.1m^3$，排气压力0.8~1.0MPa。气体应是干燥、洁净的空气或惰性气体。气动阀门满足系统的各项设计要求和功能要求，而且反应准确灵敏。气动系统的作用是为自动控制系统提供干燥、洁净的压缩空气，供气动执行器，使用最大限度减少压缩空气中的水、油等杂质对自动控制系统的影响，使系统电磁阀、气动执行器能长期稳定工作。要求安装在安全区，环境温度5~50℃的区域内。

(5) 燃气报警系统

液压节能型天然气汽车加气站橇体内和加气站设有燃气报警探头，与设在控制室的燃气报警控制装置相连。如果橇体内泄漏的燃气浓度达到1%（体积分数），燃气报警探头向燃气报警控制装置发出信号，由控制装置发出声光报警信号，提醒操作人员作相应处理；如果橇体内泄漏的燃气达到浓度2%（体积分数），控制装置在发出声光报警信号的同时，停止站内设备的运行。

2. 液压子站拖车

液压子站拖车主要由储气钢瓶、单注油管接头、双注油管接头、高压管接头、进出气快装接头以及前后仓控制阀组成。控制阀通常采用气动球阀，以八瓶长管拖车为例，前仓共有八个气动阀门，控制八个储气瓶内的天然气装卸。拖车后仓有八个气动阀门，用来控制储气瓶的注油和回油。

3. CNG加气机

由于液压子站直接从子站拖车取气为车辆加气，所以气瓶不分组，无需进气切换阀和顺序控制盘控制，而是单线进气，相比压缩子站三线加气机要简单很多。加气机带有计量、计价装置的专用设备，它的电脑控制部分采用了高性能的工控微处理芯片，在严酷的工作环境下仍能保持很高的稳定性。选用高精度的质量流量计作为计量核心部件，它内置温度传感器以实现温度补偿，使CNG加气机精确计量。电气部分采用防爆结构以适应加气站的环境确保加气机安全可靠。

4.2.3 液压子站设备操作

液压子站设备操作主要包括自控系统、液压子站拖车的操作。当子站拖车到站，相应的油、气管路连接完成后，利用液压顶升系统将拖车储气钢瓶顶升至仰角为13°，为系统运行做好准备。启动设备，此时PLC控制系统检测到液压系统压力，当压力低于设定值时，液压橇体内高压泵启动，储油罐中的液压油经过滤器，在高压泵加压后，通过溢流阀、注液控制阀、换向阀，高压管件、高压注油软管，在控制系统作用下，按顺序依次注入拖车钢瓶内，储气钢瓶中的天然气被液压油推出，经高压管线、缓冲罐、加气机给汽车充气。

1. 液压子站设备操作

液压子站自控系统操作主要包括系统上电、手动注油控制、手动回油控制以及自动控制。

(1) 系统上电

合上各电源断路器，检查各断路器是否合到位、各指示器是否正常；触摸屏进入初始界面；如果界面中故障灯亮或蜂鸣器响表明有系统故障，在主菜单界面下，按"报警查询"按钮，故障信息弹出，根据故障信息排除故障；待故障排除，按"复位"按钮解除报警，系统才能启动。系统分自动运行、手动注油、手动回油控制三种控制相互锁定。

(2) 手动注油控制

该控制方式为人工操作模式,主要用于设备调试或设备维修时使用。如果在自动循环出现故障时,此控制可以辅助使用。在手动注油前必须停止或退出自动循环,手动回油必要时可进行系统复位,释放需要注油单元。

按照前面描述进入手动注油操作界面,按下界面中"有效"按钮,手动注油有效。如果不能有效,要确认系统处于手动状态且按下手动回油"无效"按钮。按下需要注油单元"打开"按钮,对应显示信息为开,油泵开始启动,延时20s(可调),总注油阀、总气阀、换向阀(当注油单元为1、3、5、7奇数时,1号换向阀打开;当注油单元为2、4、6、8偶数时,2号换向阀打开)、相应单元气阀和油阀打开,注油开始计时。在注油过程当中,油压大于22MPa(上限),总注油阀关闭。当总注油阀关闭后,油压持续大于21MPa(中限)1min(可调)后油泵停止。油压一旦低于20MPa(下限),油泵如果已经停止,油泵重新开启,延时T1,总注油阀打开。注油过程当中,两个液位开关中任意一个动作,按"取消"按钮或按"停止"按钮,换向阀、总注油阀、总气阀、单元油阀和气阀关闭,延时30s,油泵关闭,注油结束,对应显示信息为关闭。按下触摸屏界面中"无效"按钮然后退出手动注油界面。

(3) 手动回油控制

该控制方式为人工操作模式,主要用于设备调试或设备维修时使用。如果在自动循环出现故障时,此控制可以辅助使用。在手动回油前必须停止或退出自动循环,手动注油必要时可进行系统复位,释放需要回油单元。

按照前面描述进入手动回油操作界面,按下界面中"有效"按钮,手动回油有效。如果不能有效要确认系统处于手动状态且按下手动注油"无效"按钮。按下需要回油单元"打开"按钮,对应显示信息为开,总回油阀和对应单元油阀打开。在回油当中,当光电开关任意一个动作、压力开关动作,按"取消"或"停止"按钮,相应单元油阀关闭,对应显示信息为关。需对下一单元回油时,须过几秒钟之后才能按下一单元的"打开"按钮。回油完成后,按"无效"按钮,然后退出手动回油界面。

(4) 自动控制

在自动控制前必须退出手动回油、手动注油,释放需要注油单元。必要时可先进行系统复位。注油单元优先顺序:先是1号单元,其次2号单元,再次3号单元,以此类推,至8号单元。在确认油管、气管已经连接正常的情况下,按下启动按钮,开始对已释放单元的第一个奇数单元注油。注液过程同手动注油一样,在单元注油完成时,切换阀换向,总气阀、总油阀和油泵不关,继续对下一释放单元注油。单元注油时间大于设定的注油时间,系统报警提示。在单元注油完成时,单元油阀不关,紧接着回油。单元回油同手动回油一样,自动情况下,需要进行二次回油,回油间隔时间为10min(可调)。单元一次回油时间低于12min(可调),系统报警提示。

换车按钮只能是在8号单元正在回油的时候才有效。当最后回油单元应该是8号时,界面提示"可以换车"同时报警提示等待换车。按下"启动"按钮后,更换拖车的气管和油管,换车时间开始计时,同时界面提示"等待确认"信息。当换车工作完成,重新设定下一拖车单元锁定/释放,再次按下"启动"按钮,8号单元开始回油,同时对下一次循环的第一个单元进行注油,界面提示"换车确认"信息。待8号单元二次回油完成后,

"换车确认"信息消失，再更换双注油管道和 8 号单元油阀气路。

当在提示"可以换车"信息显示 60s 后无换车信号、换车时间超时或最后回油单元不是 8 号单元，总排气阀、总注油阀、油泵关闭，提示"请开放散阀回油"信息，继续回油程序，至最后单元二次回油完毕。

停机：在自动运行当中，一旦按下"停机"按钮或者有停机故障信号产生时，立即终止注油或回油过程，所有阀门关闭，油泵停止。系统记录下停机前的状态，便于下次开机时继续按照停机时状态运行。

注意：自动运行情况下，绝对不允许释放当前运行单元以前单元的锁定状态，或者释放历史记录中正在注油或回油的单元以前单元的锁定状态。

2. 液压子站拖车操作

液压子站拖车操作包括液压子站拖车到站操作、卸气前检查、卸气前管路连接操作、拖车框架顶升操作、液压系统启动操作、卸气后拖车移走操作以及更换拖车操作。

（1）液压子站拖车到站操作

1）拖车进入卸气区，设置隔离桩，禁止无关人员进入。

2）将拖车停放在卸气区指定的安全作业地点，熄灭牵引车发动机。

3）拖车停到指定位置后，确认制动有效后，用挡块双向固定好拖车，并启动拖车自动刹车装置，放置拖车的支撑底座，摇下拖车支腿，让牵引车离开。

4）垫好木板拔出辅助支撑腿固定销用短摇把摇下辅助支腿，插入固定销，用同样方法放下另一支腿并固定好。

5）将卸气点的静电接地线与拖车操作仓内的导静电片连接。

6）检查车底顶升油路放散阀是否关闭，打开注油阀防止油箱被高压油冲破裂。

7）打开拖车后仓门，并将仓门固定在拖车两侧。

（2）卸气前检查

1）检查拖车上各高压管件、阀门有无异常，用仪器检查有无泄漏，如发现问题，必须在处理好问题后再进行下一步工作。

2）检查液体连接块、气体连接块上的放散阀有无结霜，确保其密封性。

3）在拖车与液压子站箱体连接前，打开拖车上各块体处的放散阀，将该部分卸压，以便连接高压软管，确保连接部分在无压状态，然后关闭放散阀。

4）对应软管连接好后，检查并关闭所有放散阀。

（3）卸气前管路连接操作

1）液压油管路连接

①确认单、双油路接头，单注（回）油路接头与橇体连接管路上是外螺纹接头，与其对应的子站拖车上安装内螺纹接头，双注（回）油路接头与橇体连接管路上是内螺纹接头与其对应的子站拖车上安装外螺纹接头。

②连接单注（回）油路时，关闭单注（回）油路橇体上的注（回）油阀，打开单注（回）油路橇体上的放散阀，待单注（回）油路卸压完毕后关闭放散阀，打开拖车上内螺纹接头油块的放散阀，卸压后关闭放散阀，将橇体上的注液高压软管外螺纹接头对准专用半挂车上的内螺纹接头（图 4.2-3），逐渐用力向前推，听到"咔嗒"声音，高压软管内、外螺纹接头即是锁住，连接成功。

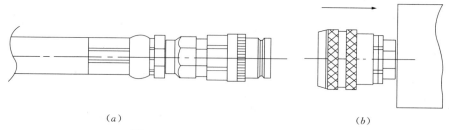

图 4.2-3 橇体油路软管连接示意图
(a) 橇体油路软管快装外螺纹接头；(b) 拖车油路快装内螺纹接头

③连接双注（回）油路时，关闭双注（回）油路橇体上的注（回）油阀，打开双注（回）油路橇体上的放散阀，待双注（回）油路卸压完毕后关闭放散阀，打开拖车上外螺纹接头油块的放散阀，卸压后关闭放散阀，将橇体上的注液高压软管内螺纹接头对准专用半挂车上的外螺纹接头（图 4.2-4），逐渐用力向前推，听到"咔嗒"声音，高压软管内、外螺纹接头即是锁住，连接成功。

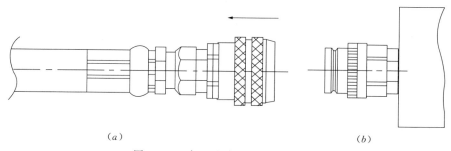

图 4.2-4 高压油路软管连接示意图
(a) 高压油路软管快装内螺纹接头；(b) 拖车上油路快装外螺纹接头

④脱开单注（回）油路时，将半挂车上快装内螺纹接头上活动锁套向前推开到要求的位置后，注液高压软管接头即脱开；脱开双注（回）油路时，将橇体侧快装内螺纹接头上活动锁套向后拉开到要求的位置后，注液高压软管接头即脱开。

2) 高压天然气管路连接

①关闭橇体上压缩天然气总阀门，打开橇体高压天然气管路放空阀，等高压天然气管路泄压完毕后，关闭橇体高压天然气管路放空阀。

②打开拖车上压缩天然气管路气块的放散阀，待泄压完毕后，关闭放散阀，将天然气软管内螺纹接头上的活动锁套向后拉开，对准外螺纹接头插到要求的位置后把活动锁套松开并复位，即可将接头锁住（图 4.2-5）。

3) 气动控制系统管路连接

①确认前仓气动控制气快装接头、8号钢瓶回油控制气快装接头和后仓气动控制气快装接头。

②将内螺纹接头内靠近边缘的地方有一个定位插脚对准外螺纹接头有缺口的部位，使插头和插座同轴，轻轻插入后拧紧锁母即为可靠连接，切忌暴力操作。

脱开时，先将锁母拧开，再拔下插头即可（图 4.2-6）。

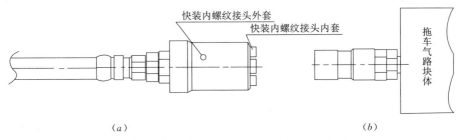

图 4.2-5　压缩天然气软管连接示意图

（a）压缩天然气软管快装内螺纹接头；（b）拖车上压缩天然气快装外螺纹接头

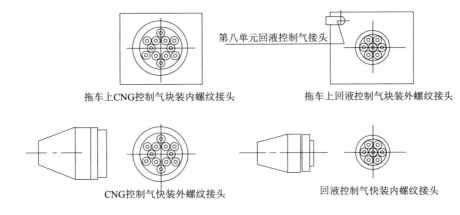

图 4.2-6　气动接头

③连接好 8 号钢瓶的气动接头。

4）拖车顶升装置液压管线连接

将橇体上黑色的胶管与拖车底盘上的接头接牢。

5）信号线连接

（4）拖车框架顶升操作

1）关闭拖车及子站系统中的放散阀。

2）对正支好垫板，摇下辅助支腿，销轴插入到位。

3）调整支腿使辅助支腿接触对应垫板，确认支腿稳定对称受力均匀后，启动液压系统，关闭手动注油阀、回油阀，打开升起装置下部注、回油手动阀，将顶升操作装置上部黑色扳手扳至升车状态，调整调压阀使压力达 16~18MPa，扳动换向阀将框架顶起，仰角为 13°，如图 4.2-7 所示。压力正常以后操作可省去调压操作。

（5）液压系统启动操作

1）关闭拖车后仓的气动球阀，压缩天然气管路放散阀及单、双注（回）油路放散阀；打开拖车上的卸气总阀，单、双注（回）油路总阀及前、后仓各钢瓶口手动球阀。

2）关闭橇体上的单、双回油管路上的手动回油阀，压缩天然气管路上的放散阀；打开橇体上的单、双供（回）油路总阀及压缩天然气管路总阀。

3）系统送电，此时控制面板显示当前工作状态、参数等信息。

4）打开空气压缩机气泵和脱水装置，开启压缩气源设备，使气体储罐压力达到设定值。

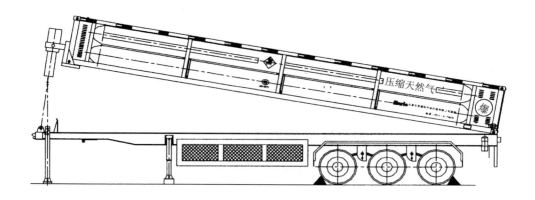

图 4.2-7　液压子站拖车

5）启动液压系统，系统开始升压，升压合格后，开始给汽车加气。

（6）卸气后拖车移走操作

1）一辆车加气结束，当 8 号钢瓶内的液压油全部返回储罐时，将 8 号钢瓶气动控制快装接头转接至下一辆车。

2）关闭拖车的卸气阀，关闭子站拖车加气总阀，打开拖车卸气管路放散阀，排出气压块的压力，关闭放散阀，断开压缩天然气供气管。

3）打开拖车上的双注油管的放散阀，排出油压块的压力，关闭放散阀，断开双注油软管并转接至下一辆车上。

4）启动液压顶升装置，将拖车仰角降下来，确认到位，收起辅助支腿，插好销轴及保险销，连接车头移走子站拖车的支撑底座，移走子站拖车车轮垫块，并将液压顶升装置快装接头转接至下一辆车上。

5）收起静电接地线，关好拖车操作仓门。

6）用摇把将两面支撑腿摇起，插好销轴及保险销，检查子站拖车连接情况，收起垫车木块，松开子站拖车安全阀，移走子站拖车。

（7）更换拖车操作

1）当前一辆拖车的 8 号瓶天然气卸完气后，PLC 控制程序自动提示换车，由人工调换快装接头到第二辆拖车。

2）关闭橇体和拖车上的卸气手动阀，打开拖车上单注油放散阀和天然气放散阀，使软管内无压，再关上两个放散阀。

3）依次将单注油软管，高压气管，单、双控制气快装接头，拖车信号线调换至第二辆车。

4）此时可以启动第二辆车的 1 号钢瓶开始加气，以保证加气持续进行。

5）待 8 号钢瓶回油完毕后，把拖车降下来，立即把双注油软管、8 号钢瓶的回油控制气快装接头调换至第二辆拖车上。

6）将拖车顶升装置液压管线移至第二辆车接好，重复拖车顶升装置操作将第二辆车升起 13°，使加气过程持续进行。

5　CNG 加气站设备维修保养

设备维护保养的目的是为防止设备劣化，维持设备性能而进行的清扫、检查、润滑、紧固以及调整等日常维护保养工作；为测定设备劣化程度或性能降低程度而进行的必要检查；为修复劣化，恢复设备性能而进行的修理活动。设备使用年限越短，可靠性越高，使用年限越长，可靠性越低。可靠性越低（即机械设备容易发生故障），设备的有形磨损越严重，修复其所需费用也就越大。现代化机械设备是资金密集的装备，设备投资和使用费用十分昂贵，迫切需要设备管理的经济效益。因此，必须通过对设备日常的维护和保养，来减少设备的有形磨损，减少设备寿命周期内的维修费用和其他非正常开支。实践证明，设备的寿命在很大程度上取决于维护保养的好坏。

CNG 加气站设备维修保养要求如下：

（1）加气站设备操作人员必须对气站内设备设施做到"四懂三会"（懂结构、懂性能、懂原理、懂用途；会操作、会维护保养、会排除故障）。

（2）严格按照规程进行操作，必须做到设备"四不超"（不超温、不超压、不超速、不超负荷），并按技术要求及时添加润滑油。

（3）操作人员除做好设备日常维修保养工作，还应加强技术培训与岗位练兵活动，做到"四懂三会"。

（4）当班人员应定时对各部位的温度、压力、运行情况等进行检查，做好运转记录。

（5）严格执行交接班制度。交班时，应将设备运转情况交接清楚，并做好设备润滑与清洁卫生工作，填好运行记录。

（6）设备维护必须做到"三勤一定"（勤检查、勤擦扫、勤保养、定时准确记录）、"三见"（沟见底、轴见光、设备见本色）、"四不漏"（不漏水、不漏电、不漏气、不漏油）。

（7）对加气机、压缩机等进行维护保养时，必须使用专用工具。

（8）在清洁和检修期间使用移动照明工具的，应符合防爆要求。修理电器设备时，必须拉下开关，并挂上"不准合闸"的警示牌。

（9）将设备指定给专人进行维护保养，实行挂牌管理，责任到人。

（10）做好设备的防冻、防潮、防腐蚀工作，对备用配件要定期盘库、检测试验，使其保持战备状态，保证随时可以使用。

（11）要严格按照说明书要求对设备进行定期维护保养。

（12）安全阀每年必须检验一次，且必须检验合格，并加铅封。

（13）压力表每半年校验一次，并加铅封。

（14）对加气站内线路每月定期检查一次，配电设备每季度检查一次，发现问题及时整改。

5.1 压缩机的维修保养

5.1.1 压缩机的维护

1. 压缩机维修保养要求

正常情况下,压缩机投入运行后,只要进气压力稳定在压力范围内,冷却水及循环油压力和温度稳定则压缩机各级进出口压力和温度基本上稳定在正常范围内。随着运行时间的不断增长产生零件的失效和磨损,各级压力和温度也将产生偏差,所以必须对压缩机加强维修保养,要求如下:

(1) 定期清洗了由过滤器和更换润滑油,保持油的清洁和润滑性能。

(2) 保证各种压力、温度等仪表的完好和准确是压缩机安全运行的前提条件,对全部仪表要定期检定,保证完好。

(3) 应消除管路接口的漏油、漏水及漏气现象。

(4) 活塞环磨损则漏气量增加,严重漏气时将造成压力、温度和气量的明显改变,此时应及时更换活塞环,发现缸套磨损超过极限则更换缸套。

(5) 发现压缩机某一级的压力和温度明显异常时,判断哪一个气阀损坏应予以更换弹簧和阀片,阀座可以重新研磨后使用,严重不能修复则予以更换。

(6) 填料正常时,应基本上不漏气。磨损严重时,将产生漏气,严重影响到气量减少应予以更换密封环。

(7) 压缩机运行中应控制水温和水量,排水温度应低于40℃,防止结垢。压缩机在运行到了一定时期以后,如果经过冷却器冷却后的气体温度不达标时,应对冷却器进行除垢处理。

(8) 运转的声响明显加大,振动增大,是因为曲柄连杆机构间隙磨大,应更换轴承、小头衬套和十字头销等零件。

(9) 压缩机气体管线使用卡套式接头连接的地方,每周至少要例行检查一次,若有松动,必须重新拧紧且应达到拧紧力的要求,以防造成安全事故。

2. 定期维护

为了使天然气压缩机保持良好的状态,必须进行定期维护和周期性检修。

(1) 日常维护保养

1) 在启动压缩机之前,检查各气、水阀门的关闭或开启情况,保证阀门处于开启状态,才能开机。

2) 每次开机后检查并记录各项数据。

3) 检查压缩机有无漏气、漏油、漏水,仪表工作是否正常。

4) 检查曲轴箱机油液位、曲轴箱滚位,检查地脚螺栓、管线接头等是否有松动、脱落。

5) 检查压缩机机身的油位,油位必须保证在视窗中间部位。

6) 检查机器振动是否正常。

7) 按规定每小时应做好巡回检查。

8) 新机运行 300h 后应更换机身油池内的润滑油,以保证润滑油洁净;待再运行 800h 后再次更换油池内的润滑油,以后则每 3000h 更换一次润滑油。润滑油必须是说明书中规定牌号的新油,不准使用再生油。

(2) 每周维护

1) 同每日维护。

2) 检查所有接头及阀门是否泄漏,若有泄漏应及时处置。

3) 检查紧固件是否松动,若有松动应停机卸压后予以紧固。

(3) 每月维护保养

1) 每日维护保养的全部内容。

2) 检查安全附件是否正常运作。

3) 检查清洗进、排气阀,更换损坏零件。

4) 检查十字头销、活塞连杆锁紧螺栓的松紧。

5) 检查清洗分离器滤芯及排污装置是否畅通。

(4) 每季度维护保养

1) 每月维护保养全部内容。

2) 检查所有螺栓与连接装置是否牢靠。

3) 清洗曲轴箱呼吸器。

4) 更换机油,清洗机油滤芯检查大头瓦和曲轴间隙、小头瓦和十字头间隙是否正常。

(5) 半年维护保养

1) 每季维护保养全部内容。

2) 检查所有安全附件的灵敏度并予以校验。

3) 检查调整压缩缸活塞死点间隙。

4) 检查调整联轴器的对中情况。

5) 间隙压缩缸、活塞环及进排气阀上的积炭,并测量间隙检查十字头、十字头销和轴承。

6) 电机、油泵打黄油。

(6) 年维护保养

1) 半年维护保养全部内容。

2) 清洗检查润滑装置、润滑系统、阀门、泵等更换修理损坏件。

3) 检查螺栓、连接部位的紧固状态。

4) 检查压缩缸、活塞环及进排气阀弹簧,更换磨损损坏件。

5) 清除散热器、冷却器内外污物,检查有无泄漏、堵塞现象。

6) 检查活塞杆磨损情况,必要时更换活塞环。

7) 检查活塞杆填料和密封情况,更换磨损件。

8) 检查十字头间隙及小头瓦间隙,检查曲轴、大头瓦、小头瓦、连杆、活塞连杆、气缸、气阀等的磨损情况,更换磨损件。

(7) 每 2000h 维护

1) 同每日和每周维护。

2) 重点检查各级的压力状况,若压力不正常,则应检查相应的高压级活塞环是否磨损，相应的气阀是否失效，若有则应做相应的处置，即检查气阀、活塞、活塞环、阀片、弹簧是否完好，如磨损则进行维修或更换。

3）正常情况下整机填料总漏气量不超过 $2.5\text{m}^3/\text{h}$，如超过此标准，则应检修相应的填料组件。

4）清洗油泵粗滤油器及精过滤器。

5）检查连杆大头瓦与曲柄销的配合间隙是否正常，小头瓦与十字头销配合间隙是否正常。

6）检查十字头与滑道的配合间隙是否正常。如有不正常，则应做相应维修或更换。

（8）每 3000h 维护

1）更换润滑油。

2）同每日、每周及 2000h 维护。

（9）每 4000h 维护

1）同每日、每周及 2000h 维护。

2）检查压缩机基础有无沉降。

3）注意噪声和振动是否增大，若增大应检查十字头体、轴瓦、铜套等运动部件是否磨损，若有磨损，则做相应维修或更换（本项应由有资格的人员或在制造厂指导下进行）。

4）检查活塞环、支承环及填料密封环是否磨损，如磨损过大或者气量严重不足应予更换。

5）需更换的零部件必须在制造厂或制造厂指定的厂商购买。

3. 天然气压缩机的停用

压缩机使用后，如需停止工作 90 天以上应进行临时油封。停车后将活塞盘至下止点，在气缸、活塞和气阀表面涂上防锈油，并盘动曲轴转动 3~4 转，再将润滑油放尽，然后封闭所有和内部相通的孔道。

4. 维护保养

这里以压缩机补充润滑油为例进行介绍，具体如下。

（1）步骤

1）拆卸压缩机底壳堵头和手孔盖螺栓。

2）让润滑油缓慢流出，不能流出的润滑油用棉纱擦净。

3）拧紧油底壳堵头。

4）加入润滑油至规定值，拧紧孔盖螺栓。

5）试车调节油压至规定值（通常为 0.2~0.5MPa）。

（2）技术要求

1）加入润滑油的高度在观察孔上、下刻度线之间，一般在观察孔高度 1/2~2/3 之间。

2）试车时无油压应立即停车，进油管排尽空气后注入润滑油，调节油压至正常值。

5.1.2 压缩机的维修

1. 压缩机温度异常

（1）一级吸气温度异常升高

1) 一级吸气阀关闭不严产生逆流,使一级吸气管线受热,应修复或更换部件。

2) 吸气温度超过规定值,应检查工艺程序。

(2) 中间级吸气温度异常升高

1) 该级吸气阀关闭不严产生逆流,应修复或更换部件。

2) 前一级冷却器冷却效果不好,应确保冷却水量的供应并清洗冷却器。

2. 压缩机压力异常

(1) 一级压力异常

1) 由于吸、排气阀不良,吸气不足造成的,或活塞处泄漏过大,应进行修复或更换部件。

2) 高压气体窜入吸气管线,吸气管线异常。应彻底关闭好旁通阀,按检查程序排除原因,注意防止过载。

(2) 中间级压力异常

1) 因中间级吸、排气阀不良,吸气不足造成,应进行修复或更换部件。

2) 中间级活塞漏气过多,使吸气量不足。

3) 冷却器冷却效果不好,气体温度高,应确保冷却水量,清洗冷却器里的污垢。

3. 压缩机异响

(1) 气缸内有异常声响或异常振动

1) 活塞止点间隙小应检查调整止点间隙。

2) 活塞杆连接螺母松动,应紧固连接部位。

3) 气阀工作不正常,阀片、弹簧损坏,应检查清洗气阀,更换损坏的零件。

(2) 运动机构响声异常

1) 连杆螺母松动,应紧固连杆螺母。

2) 连杆大头瓦、小头衬套间隙过大,应更换配件。

3) 十字头与滑道间隙过大,应更换十字头。

4. 压缩机循环油压力异常

(1) 循环油压力过低

1) 油泵磨损,应修理或更换油泵。

2) 油管连接处密封不严,紧固油管各连接部位。

3) 油管堵塞,应清洗疏通油管。

4) 滤油器脏污,清洗滤芯。

5) 润滑油不足,应添加润滑油。

(2) 循环油温度过高

1) 循环油过脏,应更换润滑油。

2) 运动机构配合间隙过小或摩擦面拉毛,应检修摩擦面。

3) 润滑油不足,应添加润滑油。

5. 压缩机排气量异常

(1) 吸气阀故障。

(2) 排气阀故障。

(3) 在安装时,吸气阀和排气阀装反,应重新正确装配。

(4) 吸入压力过低或排出压力过高。

(5) 活塞环在活塞槽内被咬住,应进行清洗或换上新活塞环。

(6) 活塞与气缸壁间隙过大,应更换活塞环并加以调整。

5.2 脱水装置的维修保养

5.2.1 脱水装置的维护

脱水装置维护保养主要包括不需要中断运行和需要中断运行的保养与检查,下面分别进行介绍。

1. 脱水装置脱水剂的更换

当脱水装置的脱水效果达不到天然气含水量要求的时候,需要进行更换脱水剂。

(1) 步骤

1) 脱水塔卸压。

2) 打开塔顶封头、塔底部手孔。

3) 拆卸脱水剂。

4) 检查塔内已清除干净,装上卸料孔盲板。

5) 装填承载瓷球。

6) 装填脱水剂至规定位置。

7) 装填压载瓷球。

8) 安装不锈钢丝网或筛孔盲板。

9) 安装好塔顶封头及其他相关连接件。

10) 再生脱水剂。

(2) 注意事项

1) 装填过程中避免碰撞、挤压、脚踏脱水剂。

2) 装填过程中避免脱水剂受潮。

2. 脱水装置的日常维护

(1) 需中断运行的保养与检查

应定期完成下面的保养工作:

1) 每月一次,检查所有压力表和温度表。

2) 每季一次,检查前置、后置过滤器压力损失。

3) 每季一次,更换循环风机润滑油。

4) 每年一次,检查电加热元件、所有阀门及垫片。

5) 每年一次,清洗前置、后置过滤器滤芯。

(2) 不需中断运行的保养与检查

1) 前置过滤器排污每天一次。

2) 后置过滤器排污每周检查一次。

3) 再生排污为循环风机工作期间每 2h 排一次。

4) 每日一次,检查再生温度、冷却器温度是否正常。

5) 每日一次，检查循环风机油位、冷却风机声音是否异常。
6) 每周一次，检查切换过程及所述的功能是否正常。
7) 每周一次，检查吸附、再生、冷却及切换时间。
8) 每周一次，检查干燥塔的压力损失。
9) 每周一次，检查过滤器、分离器排污口是否通畅。
10) 每月一次，紧固所有松动的接头。

5.2.2 脱水装置的维修

1. 脱水塔压力异常
(1) 故障原因
1) 干燥塔压力过低。
2) 再生塔压力过低。
3) 再生塔压力过高。
(2) 处理方法
1) 检查阀门是否完全开启；检查分子筛粉化程度，若粉化程度严重则应更换分子筛。
2) 检查补气阀是否正常；检查排污阀是否泄漏。
3) 检查气动阀是否内漏。
2. 循环风机风量不足或风压降低
故障原因：叶片磨损间隙增大密封或机壳漏油。传送带松动达不到额定转数或法兰漏气。
处理方法是：调整叶片间隙；修理密封或机壳分面，更换填料；调整或更换皮带；更换法兰垫片。
3. 4A分子筛失效
故障原因：4A分子筛出现粉化或在出口所测露点高于设计值。
处理办法：对分子筛进行再生或更换分子筛。

5.3 加气机的维修保养

5.3.1 加气机的维护

1. 日常维护保养内容
(1) 定期组织检测压缩天然气的含水量（即露点），应达到国家对压缩天然气的气质要求。
(2) 保持加气机的清洁，对各部件上聚集的灰尘、污垢等应及时清除。
(3) 每天加气机停止使用时，应排空高压软管中的气体，防止软管长期处于受压状态，可以有效延长软管寿命。
(4) 每月使用检漏仪器检查压缩天然气管路及加气机管路系统，如有泄漏，应立即请专业人员维修。
(5) 加气机的过滤器应每三天排污一次，一般情况下每半年清洗或更换滤芯。

（6）在拆卸、清洗时，应先关闭加气机进气口球阀，排空加气机管道内的气体，特别注意单向阀出口端的气体排放。

（7）用户对加气机的加气软管、加气枪应注意保护、定期检查，如有损坏及时请专业人员维修或更换。

（8）严禁私自拆卸电脑控制系统及各防爆电气部件。

（9）当使用自备发电机给加气机提供电源时，在启动发电机前，必须先切断加气机的电源，以避免发电机启动时的峰值电压损毁加气机电气部分，待发电机供电平稳后，方可给加气机供电。

（10）检查软管组件是否有局部变软、凸起、气孔、切痕、裂缝或可能导致软管加强层外露的破损。

（11）检查接头处是否有松脱、滑动及泄漏现象。

（12）检查、维修加气机的电气部件时，先应切断加气机电源，悬挂"禁止合闸"警示牌。

（13）用万用表检查高压软管组件总的阻抗不超过 $5M\Omega$。

2. 加气机维护

（1）更换滤芯

1）关闭入口球阀，打开排污阀排空过滤器中的气体。

2）用内六角扳手卸下固定螺栓，移开下壳体，拆下分流圈，取出滤芯，如壳体内壁附着有杂质，应用棉布擦拭干净。

3）检查过滤器密封圈是否完好，如有损伤或胀大，应予以更换。按原样装回新滤芯和分流圈，最后装配好下壳体，关闭排污阀，打开入口球阀。

（2）加气机排污

1）缓慢打开排污阀约1s，然后关闭，重复三次。

2）关闭入口球阀，打开排污阀直到气体排完，关闭排污阀，然后打开入口球阀。

5.3.2 加气机的维修

加气机常见的故障及排除方法见表5.3-1。

加气机常见的故障及排除方法　　表 5.3-1

故障现象	故障原因	排除方法
显示屏显示"EU"	掉电或电压过低	检查输入220V电源
按"复显"键无显示	蓄电池电压过低	检查并更换蓄电池
	主板故障	
加气不计数	质量流量计信号不正常	检查质量流量计传感线路插件是否连接牢固
无法读取累计	累计存储器损坏	更换累计存储器
按键无效	键盘上集成电路故障	检查线路插件，更换键盘电路板
	主板故障	更换主板

续表

故障现象	故障原因	排除方法
打开枪阀,未按加气键就开始加气,电脑不计数	电磁阀关闭不严	检修电磁阀芯密封件有无损坏,排除渣质,擦干阀芯及阀体
	电磁阀被冰堵	
故障现象	故障原因	排除方法
汽车钢瓶加气压力不足,加气速度明显缓慢	加气站气库压力不足	检查加气站压缩机出口压力
	过滤器被堵塞	清洗过滤器
	拉断阀有冰堵	清洗拉断阀
加气时枪头连接故障	密封圈质量不好或规格不合适	选用质量较好的密封圈,规格为内径7.5mm×1.8mm
	汽车车瓶加气口磨损严重	建议车主更换瓶阀
	枪头磨损严重	更换枪头

5.4 液压橇体的维修保养

5.4.1 液压橇体的维护

1. 日常维护

液压橇体日常维护内容见表5.4-1。

液压橇体日常维护内容　　　表5.4-1

序号	检查维护项目	检查要求	期限
1	压力表	指示正确、灵敏	每班
2	手动阀门开关情况	操作灵活	每天
3	气动阀门开关情况	动作灵活	每班
4	气动阀门开启顺序	符合程序要求	每周
5	液压泵运行情况	运行正常(温度、噪声、电流等)	每班
6	PLC人机接口显示情况	显示正常	每班
7	安全报警系统运行情况	运行正常	每周
8	电机电流显示情况	显示正常	每班
9	洁净气源、设备运行情况	运行正常	每班
10	气功管路快装接头密封情况	无泄漏	每班
11	液位计	显示正确、灵敏	每班
12	液体介质	无粉尘、脏物等	每周
13	排污阀、排气阀、工作情况	灵敏、可靠、致密性良好	每天
14	与CNG拖车连接情况	连接良好、无泄漏	每班

2. 顶升装置维护保养内容

(1) 每班检查压力表，达到无漏油、无损坏、压力指示正常。

(2) 每班检查快装接头，达到无损坏、拆装灵活、密封性、安全性良好。

(3) 每班检查、清洁各部件，达到无灰尘、无油垢、无松动、无丢失、无损坏。

(4) 每班检查主电机和增压泵，达到运转声音、温度、增压无异常。

(5) 每班检查管路及连接点部位，达到无漏油、无损坏、无松动。

(6) 每班检查储油箱内液压油的油质、油位、温度，达到油质良好，油位及温度正常。

(7) 液压油每半年进行一次过滤，并及时补充液体介质。

3. 液压橇体的定期保养内容

(1) 每周检查电路系统接线端子是否有松动现象。

(2) 每周检查气动阀开启顺序。

(3) 每周检查安全报警系统运行情况是否正常。

(4) 当压差计指针在 30~100kPa 之间时，前置过滤器应进行清洗。

(5) 液体介质每年进行一次过滤，每半年化验一次。

(6) 每年对液体储罐进行清洗一次，将油垢全部清除。

5.4.2 液压橇体的维修

1. 系统压力异常处理

(1) 控制柜显示液压泵升压结束，液压橇体装置错误，连接无效；专用半挂车压力显示较低。确认液压橇体装置注油手动阀是否已开启。

(2) 控制柜显示液压泵升压结束，液压橇体装置和专用半挂车压力显示正常，但加气机不能加气，确认加气机进气手动阀是否已开启或进气过滤网是否堵塞。

(3) 控制柜显示液压泵升压结束，液压橇体装置和专用半挂车压力显示正常，刚刚加气压力表马上降下来，确认液压橇体装置和专用半挂车加气手动阀是否已开启。

2. 控制系统故障处理

(1) 系统不能启动。确认是否有报警存在。

(2) 系统不能启动。确认是否全部被锁定，释放并重新启动。

(3) 第一单元加气结束到第二单元不足 1min，系统忽然停止运行并报警显示。确认回油手动阀是否已开启，然后按操作手册进行处理。

(4) 系统启动后电机空载运行，显示进入操作单元，液压泵没有给系统升压，确认自动控制气源总阀是否打开，打开总阀后重新启动系统。

(5) 系统启动后电机空载运行，显示进入操作单元，液压泵没有给系统升压。确认空压机是否已开启，启动空压机后重新启动系统。

3. 注回油管路故障处理

(1) 注油软管快装接头与子站拖车接头无法结合。确认橇体放散阀是否开启并放净余压。

(2) 回油软管快装接头与子站拖车接头无法结合。确认橇体放散阀是否开启并放净余压。

(3) 卸气软管快装接头与子站拖车接头无法结合。确认橇体放散阀是否开启并放净余压。

5.5 子站拖车的维护保养

子站拖车正常的运行状态下在高压载荷、行进过程中由于地面不平进行长时间颠簸以及充装、卸载时频繁的冲击,不可避免地会出现松动和泄漏现象,所以子站拖车日常的维护保养工作非常重要。

1. 子站拖车的日常维护

(1) 管件、快装接头、阀门、高压软管如发生泄漏,立即停止系统运行,关闭各手动球阀,放散油路和气路的压力,并及时通知厂家。

(2) U形螺栓与管件间的胶管、垫片如发生松脱、老化或遗失,应及时紧固、更换。

(3) 瓶式压力容器、压力表如发生泄漏、爆破片泄漏或破裂,立即停止系统运行,关闭各手动球阀,打开放散阀、摘除快装接头与子站高压软管的连接,将专用半挂车拖至安全通风无明火的开阔地带,尽快通知厂家。

(4) 由于专用半挂车运输在过程中的颠簸,会使钢瓶根部与球阀之间的活节连接产生松动,因此对该部位每周应进行一次检查。

(5) 快装接头的连接如不灵活,滤芯、油封影响装卸介质,应及时更换。

(6) 高压软管如出现凹凸、破裂、褶皱及折痕,应及时更换。

(7) 子站拖车日常维护内容见表5.5-1。

子站拖车的日常维护内容 表5.5-1

保养对象		维护保养内容	期限
瓶式压力容器		检查外观	每次
		检查端塞与容器连接面有无泄漏	每天
操作仓	管件	检查各连接及焊接处是否泄漏	每次
		检查安全爆破装置有无泄漏	每天
	快装接头	检查密封是否可靠,装卸是否灵活	每次
	阀门	检查手柄密封处有无渗漏	每天
		检查阀门有无内漏	每天
		检查阀门各连接处有无泄漏	每天
	压力表	检查各连接处有无泄漏	每天
	高压软管	检查外表面有无凹凸、破裂、折痕、老化以及泄漏	每天
	胶管、垫片	检查U形螺栓与管件间的胶管或垫片有无老化、松脱	每天
安全仓		检查安全装置及与端塞连接处有无泄漏	每天

2. 子站拖车的定期检验

(1) 瓶式压力容器应到符合国家标准《气瓶定期检验站技术条件》GB/T 12135—2016 的具有省级以上质量技术监督行政部门锅炉压力容器安全监察机构核准资格的检验站定期检验。

(2) 瓶式压力容器及安全附件的定期检验按国家有关规定执行。

5.6 辅助设施维修保养

1. 电气的维修保养

(1) 检查变压器高低压绝缘套管是否清洁,有无裂纹及放电痕迹,如有污垢,停电后用汽油或酒精擦拭干净。

(2) 检查各密封处有无渗漏,油面高低是否正常。

(3) 检查油箱接地是否良好,接地线有无锈蚀、是否牢靠。

(4) 设备外壳接地与接零装置的连接处有无松落、断线现象。

(5) 清扫除尘,检查刀开关、断路器、空气开关、熔断器、接触器、继电器、主令电器(按钮、转换开关、行程开关等)等低压电器设备的外壳有无破损,绝缘老化情况。

(6) 检查上述低压电器设备动、静触头磨损情况、测试接触压力,清理触头表面金属融化后产生的颗粒,确保接触面积良好。当触头磨损到其实际超行程仅为原来的一半时,更换触头。

(7) 检查清理具有灭弧装置的低压电器(断路器、空气开关、接触器等)的灭弧室内壁和栅片上烟尘与金属颗粒。

(8) 操作机构在使用到一定时候(2000~20000 次),填加润滑油。

2. 安防系统的维修保养

加气站安防系统包括可燃气体报警器、防雷接地装置等。检查燃气报警器能否正常采集到燃气探头信号,如果燃气报警探测控制器没有能检测到燃气探头信号,首先检查线路有无问题或接线处有无松动,如无问题后将故障探头接入好的通道进行测试,若依然有问题则更换新的探头。

燃气探头按照国家标准定期送检。

保养时使用标准气体,测试探头报警是否灵敏。

3. 过滤器常见故障与维修

过滤器常见故障及排除方法见表 5.6-1。

过滤器常见故障及排除方法 表 5.6-1

序号	故障现象	故障原因	排除方法
1	外漏	O 形圈损坏	更换相应位置的 O 形圈
2	电磁阀、枪阀频繁故障	滤芯损坏	更换滤芯
3	针形阀关不严	金属杂质压坏针形阀处密封端面	更换针形阀,更换后还关不严则更换整个过滤器

4. 单向阀常见故障与维修

单向阀常见故障及排除方法见表5.6-2。

单向阀常见故障及排除方法　　　　　　　　　表 5.6-2

序号	故障现象	故障原因	排除方法
1	不能止回	阀芯损坏	更换单向阀
2	外漏	阀体与外壳没有装紧	将其拧紧
		阀体与外壳间未用O形圈密封，其O形圈已损坏	更换O形圈
		单向阀损坏	更换单向阀
3	加气时发出异响	单向阀的弹簧弹力过大	更换单向阀

5. 枪阀（两位三通阀）常见故障维修

工作介质由阀件内部向外界泄漏的情况称为外漏。

工作介质由阀件内部的高压区域向阀件内部的低压区域泄漏的情况称为内漏。

枪阀常见故障及排除方法见表5.6-3。

两位三通枪阀故障及排除方法　　　　　　　　　表 5.6-3

序号	故障现象	故障原因	排除方法
1	内漏	球体划伤	更换球体
		密封端面划伤	更换密封端面
		密封端面出现偏心导致损坏	
		蝶形垫片安装不正确导致密封端面损坏	
		环境温度过高或过低造成密封端面损坏	
2	外漏	O形圈、密封垫损坏	更换相应密封件

6. 压力变送器常见故障维修

压力变送器常见故障及排除方法见表5.6-4。

压力变送器常见故障及排除方法　　　　　　　　　表 5.6-4

序号	故障现象	故障原因	排除方法
1	精度差	供电不正常	检查变送器线路及主板是否损坏，出现损坏应更换相应配件
		管路堵塞	清洗管道及压力变送器内部的油污和杂质
		测量精度降低	更换
2	无法检测压力	损坏	更换

7. 拉断阀常见故障维修

拉断阀常见故障及排除方法见表5.6-5。

拉断阀常见故障及排除方法 表 5.6-5

序号	故障现象	故障原因	排除方法
1	拉断阀进气端漏气	O形圈被腐蚀或变形	更换O形圈
2	拉断阀出气端漏气	O形圈损坏	更换O形圈
3	自动脱落	进气塞上的排气孔被堵塞	清洁排气孔

8. 电磁阀常见故障维修

电磁阀常见故障及排除方法见表5.6-6。

电磁阀常见故障及排除方法 表 5.6-6

序号	故障现象	故障原因	排除方法
1	电磁阀内漏	油污、杂质堵塞	清洗主阀芯、副阀芯及先导孔
		主阀芯损坏（有可能是过滤器滤芯损坏）	更换主阀芯（检查过滤器滤芯）
		主阀芯与排气孔不同心	更换主阀芯
		主阀芯被卡死	对密封环做适当的调整或更换为O形圈
		主阀弹簧断裂	更换主阀弹簧
		阀针偏心	更换阀针和副阀芯
		先导孔偏心	更换阀座或主阀芯
		先导孔有毛刺或阀针锥度表面光洁度较差	去掉先导孔的毛刺，更换光洁度好的阀针
		副阀芯被卡死	更换新的副阀芯
2	电磁阀外漏	O形圈损坏	更换O形圈
3	电磁阀打不开	先导孔被堵	清洗先导孔
		气体中存在的油污和水较重，导致主、副阀的开启不一致	排掉过滤器里的油污；清洗重装电磁阀
		线圈烧坏	更换电磁阀线圈
		供电不正常	检查电源板
		主阀芯弹簧或副阀芯弹簧被卡死	更换弹簧
		冰堵：试压时未将管路中的水吹净	先将相应管道加热，然后排除管路中的水，最后检查电磁阀前端的管路脱水装置是否正常工作
		冰堵：天然气中水分含量高	
		密封环与螺塞的配合不当	更换密封环，调整配合间隙
4	压差大时打不开	主阀芯严重变形	更换主阀芯
5	爆圈	螺塞的压紧力度不够	更换密封圈增加拧紧力度

9. 加气软管常见故障维修

加气软管常见故障及排除方法见表5.6-7。

加气软管常见故障及排除方法　　　　　　表 5.6-7

序号	故障现象	故障原因	排除方法
1	加气软管表面出现鼓包的现象	老化	更换
2	加气软管开裂	磨损或老化	更换
3	加气软管出现漏气	磨损或老化	更换
4	加气软管发生爆管	硬物刺破或老化	更换
5	加气时枪头打火	静电放电	检查接地

6 常用仪器仪表

为了操作人员能够判断生产是否正常，及时做出相应的处理措施，保证设备安全正常运行，我们一般在设备及工艺流程的关键部位安装了各种仪表和仪器，利用这些仪器仪表所反映出的各种示值，我们能准确了解和控制生产过程中的工艺参数（压力、温度、流量等）。

6.1 温度测量仪表

温度测量仪表按测温方式可分为接触式和非接触式两大类。通常来说接触式测温仪表比较简单、可靠，测量精度较高；但受耐高温材料的限制，不能应用于很高的温度测量。非接触式仪表测温是通过热辐射原理来测量温度的，测温元件不需与被测介质接触，测温范围广，不受测温上限的限制，也不会破坏被测物体的温度场，反应速度一般也比较快；但受到物体的发射率、测量距离、烟尘和水气等外界因素的影响，其测量误差较大。

按工作原理分为膨胀式、电阻式、热电式，辐射式。

玻璃管温度计是根据液体热膨胀原理测温，双金属温度计是根据固体热膨胀原理测温，热电阻根据热阻效应原理测温，热电偶根据热电效应原理测温，辐射高温计根据热辐射原理测温。

6.1.1 双金属片温度计

1. 双金属片温度计原理

双金属片温度计的感温元件是双金属片。双金属片是将膨胀系数差别比较大的两种金属焊接在一起的双层金属片，一端固定，一段自由。当温度升高时，膨胀系数大的金属片的伸长量大，致使整个双金属片向膨胀系数小的金属片的一面弯曲。温度越高，弯曲程度越大，从而可用双金属片的弯曲程度来指示温度。通常，将双金属片中膨胀系数小的一层称为被动层，将膨胀系数大的一层称为主动层。双金属片温度计如图 6.1-1 所示，双金属片温度计结构如图 6.1-2 所示。

图 6.1-1 双金属片温度计

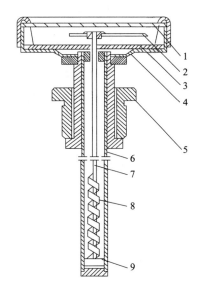

图 6.1-2 双金属温度计结构图

1—表玻璃；2—指针；3—刻度盘；4—表壳；5—安装压帽；6—金属保护管；
7—指针轴；8—双金属螺旋；9—固定端

2. 双金属片温度计的应用

仪表精度等级达到 1.0 级，仪表上壳采用防腐材料，其耐温性可以高达 200℃，最低为 -40℃。广泛应用于石油、化工等行业。双金属温度计是一种测量中低温度的现场检测仪表。可以直接测量各种生产过程中的 -80~500℃ 范围内介质温度。现场显示温度，直观、方便、安全可靠，使用寿命长。抽芯式温度计可不停机短时间维护或更换机芯。轴向型、径向型、万向型适应于各种现场安装的需要。

3. 双金属片温度计引起误差的因素

双金属温度计为膨胀式温度计，引起误差的主要因素有：

（1）环境条件。温度计应在温度为 -40~55℃、相对湿度不大于 85% 的条件下使用，否则将会引起较大的误差。

（2）机械损伤。在使用中，仪表受到强力的冲击和碰撞时，容易造成保护管的变形，从而影响测量机构的正常工作而引起误差。

（3）疲劳损伤。在经过长时间使用后，会使传感元件的性能发生变化而引起误差。

（4）插入介质深度。温度计插入介质的深度必须保证大于传感元件的长度，若插入深度不够将引起误差。

6.1.2 热电阻

热电阻是中低温区最常用的一种温度检测器。测量范围为 -200~500℃，它的主要特点是测量精度高，性能稳定。其中铂热电阻的测量精度是最高的，它不仅广泛应用于工业测温，而且被制成标准的基准仪。

1. 热电阻测温原理及材料

热电阻测温是基于金属导体的电阻值随温度的增加而增加这一特性来进行温度测

量的。

热电阻大都由纯金属材料制成,目前应用最多的是铂和铜,铂电阻 WZP,分度号:Pt100,测量范围:-200~500℃。

2. 热电阻的结构

热电阻的结构如图 6.1-3。

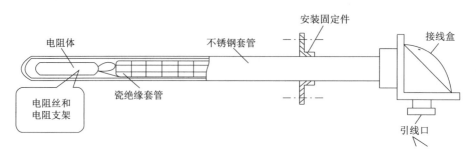

图 6.1-3 热电阻的结构示意图(装配式热电阻)

(1) 从热电阻的测温原理可知,被测温度的变化是直接通过热电阻阻值的变化来测量的,为消除引线电阻的影响一般采用三线制或四线制。

(2) 铠装热电阻。铠装热电阻是由感温元件(电阻体)、引线、绝缘材料、不锈钢套管组合而成的坚实体,它的外径一般为 2~8mm。

与普通型热电阻相比,它有下列优点:①体积小,内部无空气隙,测量滞后小,不易氧化;②机械性能好,耐振,抗冲击;③能弯曲,便于安装;④使用寿命长。

(3) 隔爆型热电阻。隔爆型热电阻通过特殊结构的接线盒,把其外壳内部爆炸性混合气体因受到火花或电弧等影响而发生的爆炸局限在接线盒内,生产现场不会引发爆炸。隔爆型热电阻可用于 B1a~B3c 级区内具有爆炸危险场所的温度测量。

3. 热电阻测温系统的组成

热电阻测温系统一般由热电阻、连接导线和显示仪表等组成。必须注意以下两点:

(1) 热电阻和显示仪表的分度号必须一致。

(2) 为了消除连接导线电阻变化的影响,必须采用三线制接法。

6.1.3 热电偶

热电偶是工业上最常用的温度检测元件之一。其优点是:

①测量精度高、热惯性小。因热电偶直接与被测对象接触,不受中间介质的影响。

②测量范围广。常用的热电偶从-50~1600℃均可连续测量,某些特殊热电偶最低可测到-269℃(如金铁镍铬),最高可达 2800℃(如钨-铼)。

③构造简单,使用方便。

④输出信号为电信号,便于远传。

1. 热电偶测温基本原理

将两种不同材料的导体或半导体 A 和 B 焊接起来,构成一个闭合回路,当导体 A 和 B 的两个执着点 1 和 2 之间存在温差时,两者之间便产生电动势,因而在回路中形成一个电流,这种现象称为热电效应。热电偶就是利用这一效应来工作。

2. 热电偶的结构

一般由热电极、绝缘套管、保护管、接线盒组成。普通型热电偶按其安装时的固定形式可分为固定螺纹连接、固定法兰连接、活动法兰连接无固定装置等多种形式。热电偶结构如图 6.1-4 所示。

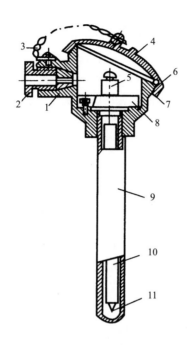

图 6.1-4　热电偶结构图

1—出线孔密封圈；2—出线孔压紧螺母；3—防掉链；4—接线盒盖；5—接线柱；6—密封圈；
7—接线盒座；8—接线绝缘座；9—保护套管；10—绝缘管；11—热电极

热电极：一般金属外径 0.5～3.2mm，昂贵金属外径 0.3～0.6mm。电极长度与被测物质有关，一般为 300～2000mm，通常在 350mm 左右。

绝缘管：隔离热电偶与被测物，一般在室温下要 5MΩ 左右。

保护套管：避免受被测介质的化学腐蚀和机械损伤。

接线盒：固定接线座，连接补偿导线。

3. 非标准型热电偶

（1）铠装热电偶

铠装热电偶将热电偶丝用无机物绝缘及金属套管封装，压实成可挠的坚实组合体，惯性小、挠性、机械强度及耐压性能好，结构坚实可耐强烈的振动和冲击，可用于快速测温或热熔量很小的物体的测温部位，还可用于高压设备测温。

（2）钨铼系热电偶

钨铼系热电偶是最成功的难熔金属热电偶，可以测到 2400～2800℃ 的高温，它的特点是在高温下易氧化，只能用于真空或惰性气体中，热电势率为 S 型（铂铑）热电偶的 2 倍，在 2000℃ 时的热电势接近 30mV，价格仅为 S 型（铂铑）热电偶的 1/10。

4. 测温元件的安装

（1）测温元件要与被测介质充分接触，保证足够的插入深度，热电偶保护管的末端应超过管中心线 5~10mm，热电阻插入深度在减去感温元件长度后，应为金属保护管直径的 15~20 倍，非金属保护管直径的 10~15 倍，为增加插入深度，可采用斜插，根据实际经验，无论多粗的管道，插入深度为 300mm 已足够，但一般不应小于测温元件全长的 2/3。

(2) 各类玻璃液体温度计在 $DN<50mm$ 的管道上安装时需要用扩大管，热电偶、热电阻、双金属温度计在 $DN<80mm$ 时，需要用扩大管。

(3) 热电偶取源部件的安装位置，应远离强磁场。

温度取源部件在工艺管道上的安装应符合下列规定：

①与工艺管道垂直安装时，取源部件中心线应与工艺管道轴线垂直相交。

②在工艺管道的拐弯处安装时，应逆着介质流向，取源部件中心线应与工艺管道中心线相重合；与工艺管道成 45°倾斜安装时，应逆着介质流向，取源部件中心线应与工艺管道中心线相交。

6.2　压力测量仪表

压力测量仪表是用来测量气体或液体压力的工业自动化仪表，又称压力表或压力计。压力测量仪表按工作原理分为电测式、液压式、弹性式、负荷式和压阻式等多种类型。

6.2.1　电测式压力测量仪表

电测式压力测量仪表是利用金属或半导体的物理特性，直接将压力转换为电压、电流信号或频率信号输出，或是通过电阻应变片等，将弹性体的形变转换为电压、电流信号输出。代表性产品有压电式、压阻式、振频式、电容式和应变式等压力传感器所构成的电测式压力测量仪表。精确度可达 0.02 级，测量范围从数十帕至 700MPa 不等。

6.2.2　液压式压力测量仪表

液压式压力测量仪表常称为液柱式压力计，它是以一定高度的液柱所产生的压力与被测压力相平衡的原理测量压力的。大多是一根直的或弯成 U 形的玻璃管，其中充入工作液体。常用的工作液体为蒸馏水、水银和酒精。因玻璃管强度不高，并受读数限制，因此所测压力一般不超过 0.3MPa。

它的特点是：液柱式压力计灵敏度高，因此主要用作实验室中的低压基准仪表，以校验工作用压力测量仪表。由于工作液体的重度在环境温度、重力加速度改变时会发生变化，对测量的结果常需要进行温度和重力加速度等方面的修正。

6.2.3　弹性式压力测量仪表

弹性式压力测量仪表是利用各种不同形状的弹性元件，在压力下产生变形的原理制成的压力测量仪表。弹性式压力测量仪表按采用的弹性元件不同，可分为弹簧管压力表、膜片压力表、膜盒压力表和波纹管压力表等；按功能不同分为指示压力表、电接点压力表和远传压力表等。这类仪表的特点是结构简单，结实耐用，测量范围宽，是压力测量仪表中应用最多的一种。

1. 膜盒压力表

膜盒压力表有矩形膜盒式和电接头矩形膜盒式两种，其测量范围为－40～40kPa 适用于测量无腐蚀性、无爆炸危险性的气体介质。这种表操作简单，使用方便。膜盒压力表如图 6.2-1 所示。

图 6.2-1　膜盒压力表

仪表由测量系统（包括接头、波纹膜盒等）、传动机构（包括拉杆机构、齿轮传动机构）、指示部件（包括指针与度盘）和外壳（包括表壳、衬圈和表玻璃）所组成。

仪表的工作原理是基于波纹膜盒在被测介质的压力作用下，其自由端产生相应的弹性变形，再经齿轮传动机构的传动并予放大，由固定于齿轮轴上的指针将被测值在度盘上指示出来。还有调零装置，可以方便调整零位。

膜盒压力表的测量范围为－80～60000Pa 但是要根据不同的压力量程选用不同的膜盒压力表，压力为－1000～60000Pa 时建议选用圆盘式膜盒压力表，如果压力为－80Pa 时建议选用矩形膜盒压力表。

2. 弹簧管压力表

弹簧管压力表是一种指示仪表，被测压力经引压接头引入弹簧管的自由端产生的位移经拉杆带动扇形齿轮做逆时针偏转，从而带动中心齿轮及其同轴指针做顺时针偏转，在面板上显示被测压力，游丝的作用是克服扇形齿轮和中心齿轮的间隙所产生的仪表变差，改变调整螺钉的位置可以调整压力表的量程，如上所述，弹簧管压力表为线性刻度。

近年来由于弹性材料的发展和加工技术的提高，弹簧管压力表不仅经常用作工业仪表，也可作压力精密测量，单圈弹簧管最大可测压力 686MPa，精度可达 0.1%。

6.2.4　负荷式压力测量仪表

负荷式压力测量仪表常称为负荷式压力计，它是直接按压力的定义制作的，常见的有活塞式压力计、浮球式压力计和钟罩式压力计。由于活塞和砝码均可精确加工和测量，因此这类压力计的误差很小，主要作为压力基准仪表使用，测量范围从数十帕至 2500MPa。

6.2.5　压阻式压力传感器

压阻式压力传感器是利用半导体材料硅在受压后，电阻率改变与所受压力有一定关系的原理制做的。用集成电路工艺在单晶硅膜片的特定晶向上扩散一组等值应变电阻，将电阻接成电桥形式。当压力发生变化时，单晶硅产生应变，应变使电阻值发生与被测压力成比例的变化，电桥失去平衡，输出一电压信号至显示仪表显示。

6.2.6　拆装压力表

拆装压力表应使用相应的工具，不允许用手直接扳动压力表壳体拆装。

1. 技术要求

（1）操作时，操作人员所处位置符合安全要求。
（2）拆装压力表时应符合安全操作规程。
（3）工具使用正确，不得敲打压力表。
（4）拆装压力表时不能损坏接头螺纹。
（5）安装压力表时垫子应规范，不能堵塞压力表接头通道。
（6）压力表安装后不得有泄漏。

2. 操作程序

（1）开始准备工具，穿戴好劳保用品进入工艺区。
（2）关闭压力表根部阀，打开放空丝堵放空。
（3）等待压力表压力归零后，用活动扳手拆下压力表。
（4）打开取压针型阀，吹扫取压管内污物后，再关闭取压针型阀。
（5）检查压力表、螺纹、密封垫及接头。
（6）选取压力表及密封垫圈。
（7）用生料带顺时针缠绕丝扣后安装压力表。
（8）安装紧固后逐渐缓慢打开针形根部阀。
（9）认真观察压力表的起压情况。
（10）指针稳定后对压力表连接处验漏。
（11）操作完后收拾工具，清理场地。

6.3　天然气流量计

6.3.1　科氏力质量流量计

科氏力质量流量计又称科里奥利力质量流量计，是运用流体质量流量对振动管振荡的调制作用即科里奥利力现象为原理，以质量流量测量为目的的质量流量计，一般由传感器和变送器组成。如图 6.3-1 所示。

图 6.3-1 科氏力质量流量计

1. 工作原理

流量管的一端被固定,而另一端是自由的。这一结构可看作一重物悬挂在弹簧上构成的重物/弹簧系统,一旦被施以一运动,这一重物/弹簧系统将在它的谐振频率上振动,这一谐振频率与重物的质量有关。质量流量计的流量管是通过驱动线圈和反馈电路在它的谐振频率上振动,振动管的谐振频率与振动管的结构、材料及质量有关。振动管的质量由两部分组成:振动管本身的质量和振动管中介质的质量。每一台传感器生产好后振动管本身的质量就确定了,振动管中介质的质量是介质密度与振动管体积的乘积,而振动管的体积对每种口径的传感器来说是固定的,因此振动频率直接与密度有相应的关系,那么,对于确定结构和材料的传感器,介质的密度可以通过测量流量管的谐振频率获得。

2. 缺点

(1) 不能用于测量密度太低的流体介质,如低压气体;液体中含气量超过某一值时会显著地影响测量值。

(2) 对外界振动干扰较敏感,为防止管道振动的影响,大多数科氏力质量流量计的流量传感器对安装固定有较高要求。

(3) 不能用于大管径流量测量,目前还局限于 $DN150 \sim DN200$ 以下。

(4) 测量管内壁磨损腐蚀或沉积结垢会影响测量精度,尤其对薄壁测量管的科氏力质量流量计更为显著。

(5) 大部分型号的科氏力质量流量计有较大的体积和重量。压力损失也较大。

(6) 价格昂贵,约为同口径电磁流量计的 2~5 倍或更高。

6.3.2 腰轮流量计

腰轮流量计又称罗茨流量计,主要用于对管道中气体或液体流量进行连续或间歇测量的高精度计量仪表。它具有精度高、可靠性好、重量轻、寿命长、运行噪声低、安装使用方便等特点。腰轮流量计由计量室、计量转子、计量部件组件(即内部测量元件)与计数指示组件等构成。图 6.3-2 为腰轮流量计。

图 6.3-2　腰轮流量计

1. 工作原理

罗茨流量计利用机械测量元件把流体连续不断地分割成单个已知的体积部分，根据计量室逐次、重复地充满和排放该体积部分流体的次数来测量流量体积总量。

当被测流体流经流量计时，流体的动压力使进出口间形成一个差压而推动腰轮旋转。两个腰轮交换驱动旋转，随着腰轮的转动，流体经由计量室不断排出流量计。腰轮每转一圈排出的流体体积是一个固定值，即排出量与腰轮轴转数成正比，通过腰轮轴及其他传动机构，将旋转的次数减速后传递到积算显示部分。正是腰轮流量计的这种工作原理决定了这种流量计只要计量室内部配合间隙设计、组装合理，它就会有较高的精度和较低的起步流量，这一特性在民用小区燃气计量中极为重要，它既满足了居民正常用气时的计量精度，又克服了其他类型流量计对居民用气低峰时微小气量的无能为力。

2. 性能特点

（1）高精确度，一般可达±1%R（R 为实际读数）、±0.5%R，高精度型可达±0.2%R；进口产品精度可达一般可达±0.1%R。

（2）重复性好，短期重复性可达 0.05%～0.2%，进口产品可达 0.02%，正是由于具有良好重复性好，如经常校准或在线校准可得到极高的精确度，是在贸易结算中是优先选用的流量计。

（3）所有有效数据断电后保持 10 年不丢。

（4）智能补偿仪表系数非线性，并可具备仪表系数三点修正，进行现场修正。

（5）范围度宽，中大口径可达 1∶20，小口径为 1∶10。

（6）结构紧凑轻巧适用高压测量，适用高压测量，仪表表体上不必开孔，易制成高压型仪表。

（7）结构紧凑轻巧，安装维护方便，流通能力大。

6.3.3　皮膜流量计

皮膜流量计的内部结构如图 6.3-3 所示。皮膜流量计的工作原理是：将燃气引入容积一定的计量室待充满后予以排出，通过一定的机构，将充气排气的循环次数转换成容积单位（m^3），反映到表的外部计数器上。

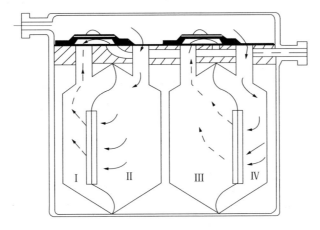

图 6.3-3　皮膜表的内部结构图

6.3.4　差压式流量计（又称孔板流量计）

差压式流量计是利用燃气流通过节流装置时所产生的压差来测量燃气流量的，它由节流装置、导压管和差压计组成。

差压式流量计工作原理是基于封闭管道中流体质量守恒（连续性方程）和能量守恒（伯努利方程）两个定律。压差式流量计结构易于复制、简单、牢固、性能稳定可靠、价格低廉。

差压式流量计结构常见的有双孔板和四孔板与定量泵组合两种。双孔板差压式流量计在主管道上安装结构和尺寸完全相同的两个孔板，并在分流管道上装置两个流向相反、流量固定的定量泵、差压式流量计的内部结构如图 6.3-4 所示。

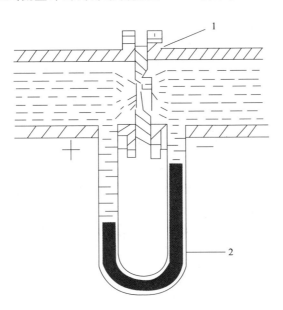

图 6.3-4　差压式流量计结构图
1—节流装置；2—差压计

6.3.5 涡轮流量计

涡轮流量计属于速度式流量计，也叫叶轮式流量计。叶轮式流量计是利用置于流体中的叶轮的旋转角速度与流体流速成比例的关系，通过测量叶轮的转速来反映通过管道的流体体积流量大小，是流量仪表中比较成熟的高准确度仪表之一。

1. 工作原理

流体流经传感器壳体，由于叶轮的叶片与流向有一定的角度，流体的冲力使叶片具有转动力矩，克服摩擦力矩和流体阻力之后叶片旋转，在力矩平衡后转速稳定，在一定的条件下，转速与流速成正比，由于叶片有导磁性，它处于信号检测器（由永久磁钢和线圈组成）的磁场中，旋转的叶片切割磁力线，周期性改变着线圈的磁通量，从而使线圈两端感应出电脉冲信号，此信号经过放大器的放大整形，形成有一定幅度的连续的矩形脉冲波，可远传至显示仪表，显示出流体的瞬时流量和累计量。

在一定的流量范围内，脉冲频率 f 与流经传感器的流体的瞬时流量 Q 成正比，流量方程为：

$$Q = 3600 \times f/k$$

式中　　f——脉冲频率（Hz）；

　　　　k——传感器的仪表系数，由校验单给出；

　　　　Q——流体的瞬时流量（工作状态下）（m³/h）；

　　　　3600——换算系数。

每台传感器的仪表系数由制造厂填写在检定证书中，k 值设入配套的显示仪表中，便可显示出瞬时流量和累积总量。

2. 结构组成

涡轮流量计一般由下列五个部分组成：

（1）表体。表体的材料一般为钢或者是铸铁，其两端为法兰连接。小口径表也有采用螺纹接口方式的。

（2）测量的组件。涡轮上有经过精密加工的叶片，它与一套减速齿轮和轴承一起构成测量组件，支撑涡轮的两个高精度不锈钢永久自润滑轴承，保证该组件有较长的使用寿命。涡轮流量计亦可选用外部润滑油泵润滑轴承，但注意不能过量。

（3）计数器。计数器面板上有以下重要信息：1）最大工作温度及压力；2）计量及最小和最大流量等级；3）产品型号及编号；4）防爆等级和标志；5）低频或高频脉冲所对应流体的当量以及接线方式。

（4）整流器。整流器用于使流体流过涡轮流量计时处于规则状态，从而消除扰动对计量不利影响，提高计量精准度。

（5）磁耦合传动的装置。该装置将处于大气环境中的计数器部分与被测量气体分离开来，并将测量组件的转动传递给计数器。

6.3.6 旋进旋涡流量计

旋进旋涡流量计是采用先进的微处理技术，具有功能强、流量范围宽、操作维修简单、安装使用方便等优点，主要技术指标达到国外同类产品的先进水平的新型气体流量仪表。如图 6.3-5 所示。

图 6.3-5　旋进旋涡流量计

1. 结构

旋进旋涡流量计由传感器和转换显示仪组成。

（1）传感器。包括旋涡发生器、检测元件、整流器和壳体。旋涡发生器由特定螺旋形叶片组成，它固定在壳体收缩段前端，强迫流体产生强烈的旋涡流。检测元件安装在靠近扩张管的喉部，用热敏、压电、应变、电容或光纤等检测元件可测出旋涡运动的频率信号。整流器固定在流量计表体出口，其作用是消除旋涡流，以减小下游流态对仪表测量的影响。壳体设计成一定形状的流道，使旋涡形成，固定和保护安装在内部的零部件，并通过法兰与管道相连接。

（2）转换显示仪。由压电传感器检测到的微弱电压信号经过放大、滤波、整形后，变成频率与流量成正比的脉冲信号，然后由显示仪计数显示。显示仪配有外输接口，输出各种信号。对测量的气体介质可进行温度和压力的补偿，转换为标准状况下的体积流量，并显示。

2. 工作原理

当沿着轴向流动的气流进入旋进旋涡流量计入口时，旋涡发生器强制使气流产生旋涡流，旋涡流在文丘里管中旋进，到达收缩段时突然节流使旋涡流加速；当旋涡流进入扩散段后，因回流作用强制产生二次旋涡流，此时旋涡流的旋转频率与介质流速呈函数关系图。通过旋进旋涡流量计的流体体积正是基于这种原理来测量的。

3. 主要特点

（1）内置式压力、温度、流量传感器，安全性能高，结构紧凑，外形美观。

（2）就地显示温度、压力、瞬时流量和累积流量。

（3）采用新型信号处理放大器和独特的滤波技术，有效地剔除了压力波动和管道振动所产生的干扰信号，大大提高了流量计的抗干扰能力，使小流量具有出色的稳定性。

（4）特有时间显示及实时数据存储之功能，无论什么情况，都能保证内部数据不会丢失，可永久性保存。

（5）整机功耗极低，能凭内电池长期供电运行，是理想的无需外电源就地显示仪表。

（6）防盗功能可靠，具有密码保护，防止参数改动。

（7）表头可180°随意旋转，安装方便。

6.3.7 超声波流量计

超声波流量计是通过检测流体流动对超声束（或超声脉冲）的作用以测量流量的仪表。

（1）结构

超声波流量计由超声波换能器、电子线路及流量显示和累积系统三部分组成。

超声波发射换能器将电能转换为超声波能量，并将其发射到被测流体中，接收器接收到的超声波信号经电子线路放大并转换为代表流量的电信号供给显示和积算仪表进行显示和积算。这样就实现了流量的检测和显示。超声波流量计是近年来迅速发展的新型流量计可不破坏流束的流量检测且适用于大口径管道。

（2）工作原理

超声波流量计采用时差式测量原理：一个探头发射信号穿过管壁、介质、另一侧管壁后，被另一个探头接收到，同时，第二个探头同样发射信号被第一个探头接收到，由于受到介质流速的影响，二者存在时间差 Δt，根据推算可以得出流速 v 和时间差 Δt 之间的换算关系，进而可以得到流量值 Q。

（3）优缺点

优点：超声波流量计是一种非接触式仪表，它既可以测量大管径的介质流量也可以用于不易接触和观察的介质的测量。它的测量准确度很高，几乎不受被测介质的各种参数的干扰，尤其可以解决其他仪表不能解决的强腐蚀性、非导电性、放射性及易燃易爆介质的流量测量问题。

缺点：主要是可测流体的温度范围受超声波换能器及换能器与管道之间的耦合材料耐温程度的限制，以及高温下被测流体传声速度的原始数据不全。目前我国只能用于测量200℃以下的流体。另外，超声波流量计的测量线路比一般流量计复杂。这是因为，一般工业计量中液体的流速常常是每秒几米，而声波在液体中的传播速度约为1500m/s，被测流体流速（流量）变化带给声速的变化量最大也是 10^{-3} 数量级。若要求测量流速的准确度为1%，则对声速的测量准确度需为 $10^{-5} \sim 10^{-6}$ 数量级，因此必须有完善的测量线路才能实现，这也正是超声波流量计只有在集成电路技术迅速发展的前提下才能得到实际应用的原因。

6.4 气体分析仪

测量气体成分的流程分析仪表。在很多生产过程中，特别是在存在化学反应的生产过程中，仅仅根据温度、压力、流量等物理参数进行自动控制常常是不够的。由于被分析气体的千差万别和分析原理的多种多样，气体分析仪的种类繁多。常用的有便携式测漏仪、氧含量分析仪、露点仪等。

气体分析仪原理主要利用气体传感器来检测环境中存在的气体种类，气体传感器是用来检测气体的成分和含量的传感器。

6.4.1 便携式测漏仪

便携式测漏仪适用于检测工作环境中烷类、醇类和有机挥发物等可燃气体的浓度。测漏仪的传感器与环境中被测气体反应，产生线性变化的电压信号。电压信号经转换后在液晶屏上显示被测气体浓度值。

CNG加气站常使用报警器甲烷检测范围为0～100%LEL［爆炸下限5%（体积分数）］，氧气的检测范围为0～30%（体积分数），硫化氢的检测范围为0～100mL/m^3（危险浓度为20mL/m^3），一氧化碳的检测范围为0～500mL/m^3。

夜间使用时，可按控制键、背景灯亮。只有显示"TEST OK"后方可进行检测。在清洁空气环境下，使检测仪开始将所有传感器归零，并对氧气传感器进行校准。屏幕闪烁进度条逐渐消失，归零后可进行检测作业，严禁超量程使用。在使用嗅敏检漏仪前，检查其工作电源，如果电压低于9V时，应更换充电电池；检查气敏的加热电流是否在0.32A左右，如果调整不到，必须更换电池，更换电池后，必须加热10～20min后，才可以进行检漏［注：投产置换期间用其检测氧含量，氧含量低于19%（体积分数）时为氮气、空气混合到达；氧含量低于2%（体积分数）时为纯氮气到达］。

6.4.2 氧含量分析仪

氧含量分析仪主要用于测量环境中氧气浓度。仪器主要由氧气传感器、过滤器、稳压阀、流量计等组成。氧传感器的关键部件是氧化锆，在氧化锆元件的内外两侧涂上多孔性铂电极制成氧浓度差电池。为了使电池保持额定的工作温度，在传感器中设置了加热器。用氧分析仪内的温度控制器控制氧化锆温度恒定。

6.4.3 露点仪

气体的露点温度越高，说明气体湿度越高，反之，说明气体湿度低。因此，露点温度是描述气体湿度（含水蒸气量）的主要湿度参数。

CNG加气站常使用露点仪测量天然气的露点温度。露点仪又分为镜面式露点仪、电传感器式露点仪、电介法露点仪、晶体振荡式露点仪、红外露点仪及半导体传感器露点仪等类型。

以电传感器式露点仪为例，采用亲水性材料或憎水性材料作为介质，构成电容或电阻，在含水分的气体流经后，介电常数或电导率发生相应变化，测出当时的电容值或电阻值，就能知道当时的气体水分含量。建立在露点单位制上设计的该类传感器，构成了电传感器式露点分析仪。目前国际上最高精度达到±1.0℃（露点温度），一般精度可达到±3℃以内。

7　CNG 加气站试运行

CNG 加气站在正式投产运行前需要进行试运行，试运行合格后方可交付投入使用。设备在使用过程中必须按照使用手册进行定期维护，定期进行消耗品的更换，以保证设备处于高效、良好、安全的运行状态。在使用过程中工作人员必须清楚地了解 CNG 加气站设备的操作以及意外事件的处理方法，以保障在任何情况下人身和设备安全。

7.1　CNG 加气站试运行

7.1.1　CNG 加气母站试运行

1. CNG 加气母站试运行前的准备工作

（1）操作、维护人员培训

压力容器操作工、充装工属于加气站的特种作业人员，必须参加地方劳动部门组织的取证，培训的时间和内容由公司人事教育部门依据劳动部门的规定并结合生产的实际情况安排。取得特种作业证后，方可从事特种作业。对加气站即将上岗的操作人员和维护人员进行设备、工艺、电气、仪表、安全等方面的理论知识与实际操作技能的岗前培训，使其熟悉工艺流程和运行参数，能独立处理设备及整个系统运行过程中出现的问题，培训后达到独立上岗要求。

（2）工器具的准备

投产试运行过程中，必须使用的防爆工具、配备的各种消防灭火器材必须达到设计要求的数量和规格，并放置到要求地点。

（3）检查工艺管线、设备、电气仪表

由设计单位、施工单位、工程监理、设备厂家及使用单位五方对安装完毕后的设备和工艺管线进行认真地联合检查，如有错误，及时整改。检查所有设备、电气仪表是否处于良好的工作状态。

（4）检定压力表、温度表，检定综合接地网、防雷接地网

站内所有压力表、温度表及安全阀必须一个不落地到有调校资质的相关部门进行重新检验和调校。不合格者一律不能投入使用，安装单位负责拆装。综合接地网接地电阻不大于 4Ω，站内设置避雷针接地系统应单独接地，接地电阻不大于 100Ω。

（5）调试安全阀、可燃气体报警器

必须由有资质的检定部门派技术人员到现场对可燃气体报警装置进行测试和检定，不合格的可燃气体报警器应由厂家进行调试、整改、更换。站内所有安全阀由工艺人员确定安全阀标定压力后，再送到有调校资质的相关部门进行校验和调校，不合格的安全阀不能投入使用。

(6) 工艺管线吹扫、试压及气密性试验、焊缝检查

1) 水压（强度）试验

水压试验按单体设备、管道系统分段进行。设备强度试验压力取值为 1.25 倍的设计压力，管道强度试验压力取值为 1.5 倍的设计压力。试验介质采用洁净水。强度试验时，环境温度应高于 5℃，低于 5℃时应采取防冻措施。强度试验时设备和管道上的安全阀等仪表元件应拆下或采取有效隔离措施。强度试验注水时，应排净试验设备和管道内的空气。强度试验应按几个压力段分步骤进行：压力升至试验压力的 50% 时，保持 15min 并进行检查，确认无渗漏、无异常情况后方可继续升压；压力升至试验压力的 90% 时，保持 15min 进行检查，确认无渗漏、无异常情况后方可继续升压；压力升至试验压力，保持 30min，确认无渗漏、无异常情况后将压力降至设计压力并进行检查，确认无渗漏、无异常情况后为合格。压力试验过程中发现泄漏时不得带压处理，清除缺陷后应重新进行试验。压力试验合格后泄压应缓慢进行。压力试验过程中应做好记录。

水压试验的重点是：从阀组间计量仪表后至站内调压计量装置前的天然气管线；压缩机缓冲器出口管线至进加气柱前球阀的工艺管线；由资质部门检验的压缩机、脱水装置、脱硫塔、泵、加气柱、储气罐的有关容器设备，现场不再进行强度试验。

2) 管线吹扫

水压试验完成后，吹净管线内的水，不要把水吹到设备内，然后按工艺流程进行吹扫。在制造厂已完成吹扫和压力试验并附有资质部门检验合格的压缩机、泵、加气柱、储气罐等有关容器设备，现场不再进行吹扫。吹扫前将安全阀、调压阀、止回阀、仪表等拆除，吹扫结束后复位。空气吹扫压力不得超过设计压力，压缩天然气系统的吹扫压力达到 0.6MPa 即可。空气吹扫时，在排气口用白布或涂白漆的靶子检查，若连续在 10min 内检查其上无铁锈、尘土、水分或其他脏物时为合格。吹扫过程中做好记录。

3) 气密性试验

气密性试验时安全阀等仪表元件应安装复位。气密性试验压力取值为 1.15 倍的设计压力。气密性试验按几个压力分步骤进行。压力升至 0.2MPa 后，保持 10min 并进行检查，确认无渗漏、无异常情况后方可继续升压；压力升至试验压力的 50% 时，保持 10min 进行检查，确认无渗漏、无异常情况后方可继续升压；以后按试验压力的 10% 逐级升压，每级稳压 5min，直至试验压力。停压时间应根据查漏情况而定，以发泡剂检验不泄漏为合格。气密性试验的重点是检验阀门填料函、法兰或螺纹连接处、放空阀、排污阀、软管连接处等。

4) 现场设备、管道焊缝外观质量检查：由质检主管部门按《现场设备、工业管道焊接工程施工规范》GB S0236—2011 规定的质量等级负责执行。焊缝经检验发现的缺陷超出设计文件和国家标准的有关规定时，必须进行返修或换管重新焊接。返修复检按《现场设备、工业管道焊接工程施工规范》GB S0236 的有关规定执行。经检验的焊缝应在竣工图上标明位置、编号和焊工代号，并填写存档资料。

(7) 资料准备

准备好试运行所需的各类生产报表、设备运行记录等资料。

2. 单机试运行

(1) 脱硫装置试运行

1）检查和确认所有烟道闸板、阀门、转动和运行机械的位置以及密封、润滑、冷却都符合要求，特别注意确认阀门和运动机械的正确的动作方向。

2）检查和确认用电设备的电源供应和相应操作装置符合要求

3）检查装置上的所有阀门应开闭自如，无泄漏。

4）检查装置外表，塔身应无鼓包现象，焊缝应平整。

5）做好脱硫装置的置换及开车工作。

6）取样检测天然气的硫化氢含量小于 $15mg/m^3$，总硫含量小于 $200mg/m^3$ 时，说明运转正常，脱硫塔可以安全投入使用。

（2）脱水装置试运行

1）厂家技术员对脱水装置设备进行手动调试及参数设置。

2）检查脱水装置压力表、温度表的量程及精度等级应符合要求，脱水塔外观表面无缺陷。

3）循环风机、冷却风机的旋向符合要求。

4）向循环风机内加注规定牌号的润滑油，油位符合规定。

5）将运行方式调至"自动"位置，进行首次开机。在系统完全投入使用之前，使两个脱水塔分别做两次再生循环，保证干燥剂具有充分的活性。

6）开启空气压缩机，给气动执行机构提供气源。

7）在开始几个循环过程中，观察温度设定参数是否合适，是否需要调整。如果需要调整，可参照电气控制部分的内容调整。若所有的设定参数都已达到要求，则不需调整。

8）取样检查天然气的水露点，水露点小于等于－55℃时，装置可以投入使用。

（3）循环水系统试运行

1）循环水系统采用经软化水装置处理后的软化水作为循环水。

2）因循环水系统未设计过滤装置，试运前必须认真清洗水池、工艺管线以及冷却水塔等。

3）在压缩机安装完成，具备调试条件后，试运循环水系统。

4）每台水泵试运 2h。压缩机 PLC 操作员界面选择手动控制，水泵启动，停止水泵及冷却水塔风机。

5）检查冷却水塔智能控制、水压、水泵运转情况。

（4）空气压缩机与气动系统的试运行

对仪表风系统管线、阀门、连接头、空气压缩机、干燥器进行检查，倒通流程，打开加气岛处仪表风管线阀门，进行排气。启动空气压缩机试运转，每台试运 6h。取样检测仪表风水露点、含尘粒径、含油量是否达到要求。空气压缩机与气动系统的试运行按照设备操作说明进行，空气压缩机能按照设定的压力参数自动启停和正常运转、压缩空气能达到对水露点的设计要求即可。

（5）调试操作压缩机 PLC 界面

设备安装完好，检查无误，接通电源并按下列步骤操作。

1）按监控软件的操作方法将触摸屏首先切换到参数设置画面，将所有参数设置好。

2）将触摸屏切换到手动控制画面，分别点动水泵、润滑油泵、主电动机，查看各电动机旋向是否与设备旋向相同；若有不同者，则将关断总电源，将相应电动机接线任意交换两相后,再试。

3)待所有电动机旋向正确后,分别启动水泵电动机、冷却风机电动机、润滑油泵电动机,调整水压(油压)达到要求后,再启动主电动机;观察电动机运行是否正常,包括电流、转速、压缩机的发热等所有应注意的事项。

4)运行时要查看相应的数值,可按"数值显示"切换到手动数值显示画面进行观察,要返回按"手动控制"即可返回手动控制画面。

5)运行正常后可随意停止任何一个电动机或全部停止,一旦有水泵电动机、润滑油泵电动机停止或压力达不到要求,主电动机将自动停止;若按"自动控制"按钮,系统将停止所有手动启动的电动机,并切换到"自动控制"画面。

(6)压缩机试运行

压缩机是加气站的核心和关键设备,其试运行分空负荷试运和负荷试运两个阶段进行。

1)试车前准备工作

①检查进气阀和排气阀位置是否安装正确。

②检查压缩机主要螺纹连接部位,确认各连接是否紧固可靠。

2)空负荷试运行

①空负荷试运行 5min

以从大气吸入再排到大气进行开车做空负荷试验,启动主电动机运转 5min,在运转中和停车后做如下检查:

A. 运动机构润滑油泵油压不低于 0.2MPa,在运转中是否有撞击或异常声响。

B. 主轴承、连杆轴瓦、活塞杆摩擦部分、十字头与滑道等运动摩擦部分的温度是否正常。

C. 压缩机的噪声情况、振动情况。

D. 运动中如发现有不正常情况,应立即停车检查,修复后再进行试运行。如一切正常,方可进行 4h 连续试运行。

②空负荷连续试运行 4h

A. 连续试运行 4h,在运转中和停车后必须进行检查,检查要求与 5min 试运行相同。

B. 在运转中记录机身内油温及运动摩擦部分的温度(可用手摸,凭经验估计);如温升不正常,应停车检查,修复后再重新试运行。

C. 定时检查各运转部位和轴承的温升,其摩擦部位最高温度不超过 70℃,曲轴箱内润滑油油温不高于 70℃。

3)负荷试运行

负荷试运行应在空负荷试运行合格后进行,负荷试运行的介质为空气。负荷试运行的目的是验证设备的性能和使用的可靠性以及与设计图样和技术文件的符合性。作负荷试运行,其试运时间可缩短为 30~60min。气路系统的吹扫(此条可根据新安装的管道清洁度状况进行,因机房内管路在制造厂已进行吹扫及试车)。

加气站内气路系统的所有管路按《工业金属管道工程施工规范》GB 50235—2010 规定进行施工和吹扫,且宜用脉动气流为佳。气体出口处用白布检查,无铁锈、尘埃、油污等杂质时,方可与机房内连接。吹扫时宜用木棒等非刚性材料敲击管道,以利于杂物的排除（吹扫压力为 0.1~0.3MPa）。

① 负荷试运行及连续负荷试运行

气路系统吹扫完毕后，方可进行空气负荷试运行，开机后应缓慢逐步升压至 5MPa（表压），并在该压力下连续运行 4h。此时，应密切注视运行情况，如有异常，应泄压后停车检查（每 30min 排污一次）；安全阀必须在安装前按规定设定开启压力，并应铅封；经 4h 空气负荷试运合格，停机并全面检查，准备气路系统的置换。

② 天然气负荷试运行

气路系统的置换宜采用氮气置换法，亦可采用天然气进行直接置换。置换的目的就是使置换后系统中的气体含氧量小于 0.5%（体积分数），以防爆炸或火灾事故的发生，确保投产安全顺利进行。

可用氮气，也可直接用进站天然气对工艺管线及设备分段、分设备进行置换（置换天然气压力控制不超过 0.05MPa），直至从各段、各设备的最高点取样分析天然气中含氧量小于 2%（体积分数）。置换完成后，待压力平衡时停止充气（用氮气置换合格后，通天然气进行天然气负荷连续运行）。

进行天然气负荷连续运行（或循环负荷运行）。在连续运行中应注意以下事项：

A. 各级进、排气温度、压力是否正常，出水温度是否太高或水量太少。

B. 润滑油泵压力不低于 0.2MPa。

C. 不得在负荷状态下关闭主电动机。

D. 如在运行中出现异常情况，应泄压后停车检修，检修合格后重新做连续负荷运行。

③ 停车注意事项

A. 关闭主进气阀逐渐卸载后停车。负荷运行状态下不得停车。

B. 压缩机停车后 3~5min 应将各级冷却水及废油排出以免引起锈蚀、沉淀和堵塞现象。

C. 检查主轴承、连杆轴承、活塞杆、滑道等摩擦部位的磨损情况，测量机身油温及摩擦部位的温升。

3. 联机试运行

（1）开车

装置首次开车必须先完成装置开工前的准备工作：

1）在专用半挂车与加气柱连接前，打开专用半挂车上加气块体处的放散阀门，将该部分泄压，以便连接高压软管（确保连接部分在无压状态），然后关闭放散阀。

2）将专用半挂车固定好，连接静电接地线，打开专用半挂车后仓门，自动刹车装置启动。

3）加气前检查专用半挂车（拖车）上各高压管件、阀门是否连接牢固，有无泄漏等情况，如发现问题，必须在处理好问题后再进行下一步工作。

4）将加气柱软管与拖车连接好，打开专用半挂车上的力口气总阀门、各瓶口球阀，打开加气柱进气阀门。

5）按下加气柱上的"启动"按钮（或压缩机控制柜上"启动"按钮，或触摸屏上自动控制画面的"启动"按钮），系统进入自动启动运行程序，系统运行指示灯亮，检测油温、液位并启动水泵电动机、润滑油泵电动机、冷却风机电动机并检测相应运行是否正常，一切正常后系统开始软启动。启动完成转换为旁路运行后，系统工作状态进入正常运行。

6）在系统进入正常运行之后，监视压缩机的运行情况，显示各个参数。

7）加气完毕后，收起静电接地线，关好专用半挂车操作仓门。

8）关闭专用半挂车上的加气总阀门、各瓶口球阀，关闭加气柱加气阀门，打开专用半挂车上加气块体处的放散阀门，将该部分泄压，卸掉加气柱软管。

9）收起辅助支腿，插好销轴及保险销，连接车头移走专用半挂车的支撑底座，移走专用半挂车车轮模块。

10）用摇把将两面支撑腿摇起，插好销轴及保险销，检查专用半挂车连接情况，收起垫车木块，松开专用半挂车安全闸，移走专用半挂车。如果需要快速加气，在控制室或压缩机现场启动另一台压缩机组。压缩机正常运行时只能在自动状态下而不能在手动状态下运行，手动状态只能用于调试。

（2）停车

压缩机是以自动控制的方式运行的，正常情况下是自动启停的，只有设备故障停车和突发事故紧急停车。

1）正常停车

当管束车加气压力达到 20.00MPa 时，加气柱自动关闭加气枪，压缩机四级排气压力达到上限自动停压缩机。

2）自动联锁停车

装置运行中出现停机和紧急关机故障时，自动停车。当报警停机故障发生时，蜂鸣器发出短促的声音。所有故障来临时，对应信息在故障画面中显示，且监控画面中指示灯亮，直到故障排除，按"SB1（复位）"按钮后，报警信息和报警声消失，故障指示灯灭。

3）紧急停车

如果遇到下面情况，就需要紧急停车：

①有严重的不正常响声，或发现机身、气缸有裂纹甚至断裂等异常情况。

②电动机出现明显的故障。

③压缩机任一部位温度升高异常。

④危及机器或人身安全。

⑤任意级排气压力值超过允许值，并继续升高。

⑥突然停水、断油、电动机某相断电或部分断电。如因断水而停车，应待机器自然冷却后再通水，不允许马上向热气缸送冷却水，否则气缸会因收缩不均而炸裂。

（3）压缩机常见事故处理

常见故障处理方法如表 7.1-1。

常见故障处理方法　　　　　　　　　　　表 7.1-1

序号	故障	常见原因	处理办法
1	排气量达不到设计要求	1. 气阀泄漏 2. 填料泄漏 3. 气缸余隙容积过大	1. 检查气阀并采取相应措施 2. 检查填料的密封情况采取相应措施 3. 调整气缸余隙容积

续表

序号	故障	常见原因	处理办法
2	级间压力超过正常范围	1. 当前级的排气阀故障 2. 当前级的进气压力过高 3. 后一级的进气阀故障 4. 级间管路阻力增大 5. 活塞环泄漏引起排气量不足	1. 检查气阀更换损坏部件 2. 调整入口压力 3. 检查气阀更换损坏部件 4. 检查管路使其畅通 5. 更换活塞环
3	级间压力低于正常范围	1. 前一级进、排气阀故障 2. 吸入管道阻力增大 3. 当前级进气阀故障	1. 检查气阀更换损坏部件 2. 检查管路使其畅通 3. 检查气阀更换损坏部件
4	排气温度过高	1. 排气阀泄漏 2. 进气温度超过规定值 3. 冷却效果不良	1. 检查排气阀，并消除故障 2. 检查温度超高的原因并进行处理 3. 检查冷却系统，提升冷却效果
5	气缸发出异响	1. 气阀有故障 2. 气缸余隙容积过小 3. 油封不严或润滑油过多 4. 气体含水量过大 5. 有异物进入缸体 6. 缸套松动 7. 填料破损	1. 检查气阀并消除故障 2. 检查铝垫等，并适当增大容积 3. 更换油封或适当减少润滑油量 4. 提升脱水效果、加大排污 5. 检查缸体内部并取出异物 6. 检查并采取相应措施 7. 更换填料
6	气缸过热	1. 冷却水供给不足 2. 进、排气阀漏气 3. 当前级的压缩比过高 4. 气缸与滑道对中不良；气缸拉伤	1. 添加冷却水、提高水压、排气 2. 拆卸维修或更换 3. 调整压力 4. 调整滑道位置，清理异物
7	压缩机油压低	1. 油位低 2. 油过滤器堵塞 3. 调节阀、回油阀漏油	1. 补充润滑油 2. 清理润滑油、清洗过滤器 3. 维修或更换相应部件
8	润滑油油温偏高	1. 压缩机运动部件间有摩擦 2. 润滑油冷却效果差 3. 油过滤器堵塞	1. 调整或更换运动部件 2. 提高冷却效果 3. 清理润滑油、清洗过滤器
9	轴承或十字头与滑道	1. 配合间隙过小 2. 轴和轴承间接触不均匀 3. 润滑油油压过低 4. 润滑油太脏	1. 调整间隙 2. 重新研制轴瓦 3. 检查油泵或油路情况 4. 更换润滑油

7.1.2 CNG 常规加气站试运行

1. CNG 常规加气站运行前准备工作包括操作人员技术培训、用具及消防器材的准备、压力表、温度表及安全阀的调校、可燃气体报警仪的调试、设备、工艺管线、电气仪表的检查、工艺管线焊缝检查、吹扫、试压及气密性试验，具体工作内容请参照本书 CNG 加气母站试运行中相应内容。

2. 单机试运行

(1) 压缩机的试运行

天然气压缩机是 CNG 加气站的核心和关键设备，其试运行分空负荷试运、低负荷试运及天然气负荷试运三个阶段进行。

1) 空负荷试运行

完成试运行前的准备工作后，打开气管路上的全部阀门，以压缩机从大气吸入空气排到大气为准进行开车做空负荷试验，时间不少于 4h，达到下列要求：

①润滑油压力符合规定并消除油管路的泄漏。
②无不正常声响。
③各摩擦部位的温度不大于 70℃。
④润滑油温度小于 70℃。

2) 低负荷试运行

在完成天然气压缩机空负荷试运之后要进行低负荷试运。在空负荷试运的基础上关闭级间的排污阀，并逐步关小末级排出阀，压力每升高 2MPa，维持运转，直到末级排出压力 5.0MPa，连续运行 4h。低负荷试运行满足空负荷试运的全部要求，消除气管路的一切泄漏，并且各级排气温度小于 150℃。

3) 天然气负荷试运行

完成天然气压缩机的低负荷试运后进行压缩机的负荷试运。连接压缩机进出口管路，用天然气将压缩机内部空气置换完毕，逐步提高末级排气压力，连续运转 1h，即可投入使用。负荷试运应满足空负荷试运和低负荷试运的全部要求，试运期间消除一切管路和压缩机各连接处的外泄漏，并达到以天然气为介质运行时的压力和温度的额定值。

(2) 高压脱水装置的试运行

1) 外观检查脱水装置压力表、温度表的量程及精度等级应符合要求，脱水塔表面无缺陷。

2) 由厂家技术员对设备进行手动调试及参数设置。

3) 在最初的几个循环过程中，观察温度设定参数是否合适，是否需要调整。如果需要调整，可参照电气控制部分内容调整。若所有的设定参数都已达到要求，则不需调整。

4) 取样检查天然气的水露点，如果水露点等于或小于 −55℃，装置可以投入使用。

7.1.3 CNG 加气子站试运行

1. CNG 压缩子站试运行

(1) CNG 压缩子站试运行前的准备工作

压缩子站投用是一个系统工作过程，投产试运前的准备工作包括操作人员技术培训、用具及消防器材的准备、压力表、温度表及安全阀的调校、可燃气体报警仪的调试、设备、工艺管线、电气仪表的检查、工艺管线焊缝检查、吹扫、试压及气密性试验,具体工作内容请参照本书 CNG 加气母站试运行中相应内容。

(2) 单机试运行

1) CNG 压缩子站空气压缩机与气动系统的试运行请参照本书 CNG 加气母站试运行中相应内容。

2) 冷却系统试运行

因冬季较寒冷,冷却液采用乙二醇占 40% 的混合液,冷却系统试运行按设备操作说明进行,冷却水泵能连续稳定运转、冷却风机低速和高速能稳定运转。

3) CNG 压缩子站压缩机试运行请参照本书 CNG 加气母站试运行中相应内容。

(3) 联机试运行

1) 开车

①将专用半挂车固定好,连接静电接地线,打开专用半挂车后仓门,自动刹车装置启动。

②卸气前检查。

检查专用子站拖车上各高压管件、阀门是否连接牢固,有无泄漏等情况,如发现问题,必须在处理问题后再进行下一步工作。

在专用半挂车与卸气柱连接前,打开专用半挂车上卸气块体处的放散阀门,将该部分泄压,以便连接高压软管(确保连接部分在无压状态),然后关闭放散阀。

③管路连接。

将卸气柱软管与拖车连接好,打开专用半挂车上的加气总阀门、各瓶口球阀,打开卸气柱进气阀门使用子站 PLC 控制系统运行。

④系统启动运行。

按下卸气柱上的启动按钮(或控制柜上启动按钮,或触摸屏上自动控制画面的"启动"按钮),系统进入自动启动运行程序,系统运行指示灯亮,检测油温、液位,启动水泵电动机、润滑油泵电动机、风扇电动机并检测相应运行是否正常,一切正常后系统开始软启动,启动完成转换为旁路运行后,系统工作状态进入正常运行。

⑤正常运行。

在系统进入正常运行之后,监视压缩机的运行情况,显示各个参数。除此之外,还要根据进气的变化进行一级压缩和二级压缩两种工作状态的自动转换(当进气压力为 7.5~22MPa 时压缩机一级压缩,当进气压力为 3~7.5MPa 时,压缩机两级压缩;当进气压力大于 22MPa 时,压缩机不启动,天然气直接进入售气机),系统根据压力情况改变压缩机进气、启停机、报警等工作。

⑥卸气完毕后,收起静电接地线,关好专用半挂车操作仓门。

⑦专用半挂车完成卸气操作后移走。

a. 关闭专用半挂车上的加气总阀门、各瓶口球阀,关闭卸气柱进气阀门,打开专用半挂车上卸气块体处的放散阀门将该部分泄压,卸掉卸气柱软管。

b. 收起辅助支腿,插好销轴及保险销,连接车头移走专用半挂车的支撑底座,移走专用半挂车车轮模块。

c. 用摇把将两面支撑腿摇起插好销轴及保险销检查专用半挂车连接情况，收起垫车木块，松开专用半挂车安全闸，移走专用半挂车。

2）停车

该装置是以自动控制的方式运行的，只有设备故障停车和突发事故紧急停车，正常情况下是自动启停的。

① 正常停车。

当储气井组充满（压力达到25MPa）时，压缩机自动停机。

② 自动联锁停车。

装置运行中出现停机和紧急关机故障时自动停车。当报警停机故障发生时，蜂鸣器发出短促的声音。所有故障来临时，对应信息在故障画面中显示，且监控画面中指示灯亮，直到故障排除，按SB1（复位）按钮后，报警信息和报警声消失，故障指示灯灭。

③ 紧急停车。

发现下列情况之一时，需要紧急停车：

a. 任意级排气压力值超过允许值，并继续升高。

b. 突然停水、断油、电动机某相断电或部分断电。如因断水而停车，应待机器自然冷却后再通水，不允许马上向热气缸送冷却水，否则气缸会因收缩不均而炸裂。

c. 有严重的不正常响声，或发现机身、气缸有裂纹甚至断裂等异常情况。

d. 电动机出现明显的故障。

e. 压缩机任一部位温度升高异常。

f. 危及机器或人身安全时。

2. 液压子站试运行

（1）开车前的准备工作

液压子站投产试运前的准备工作包括操作人员培训，仪表阀门调试及检查，工艺设备系统吹扫、试压及气密性试验，液压油的加注，氮气置换。其中操作人员培训、仪表阀门调试及检查、工艺设备系统吹扫、试压及气密性试验具体工作内容请参照本书CNG加气母站试运行中相应内容。

液压油的加注是将专用液压油通过油泵加入橇体内的液压油箱内。打开油箱时检查液压油的密封情况，如发现油桶封闭不严，不允许使用。观察液压油的颜色及浓度，如发现异常，须经化验合格后方可投入使用。

投产前天然气管线要用氮气进行置换。液压橇体上的钢瓶及拖车上的钢瓶在出厂前已经进行了氮气置换，运行前检查氮气是否泄漏，如发生泄漏，要重新用氮气进行置换。每次设备检修结束后，必须用氮气置换后方可投产。

（2）设备单机试运行

1）液压橇体装置的试运行

试运前，调整溢流阀，将溢流阀逆时针调整2圈，关闭单、双注油手动阀，启动电动机，液压油通过高压泵经过溢流阀，从溢流阀回油管到储罐中。调整压力时，将溢流阀前端的调整螺母顺时针缓慢旋转，观察油压表，油压逐渐上升；当油压表压力升至20MPa时，停止旋转调整螺母，试运完成。

2）空气压缩机与气动系统的试运行参照本书CNG加气母站试运行中相应内容。

3）子站拖车的试运行

①检查车辆外观，如果没有异常，可进行下一步工作。

②连接好加气软管和加气主阀，按下加气键，打开加气机的加气主阀，对拖车气瓶充气。观察压力表的变化情况，如有异常，立即停止加气，由厂家人员进行故障处理。

③气瓶压力达到20MPa时，压缩机停止工作，充装完成。

④将子站拖车送至子站，完成一个工作循环，如果没有异常，子站拖车可以投入使用。

（3）联机试运行

1）液压子站联机运行中开车、停车参照本书CNG压缩子站试运行的相关内容

2）操作故障与处理

①控制柜显示液压泵升压结束，专用半挂车压力显示正常，但加气机不能加气，处理方法：确认加气机进气手动阀是否已开启或进气过滤网是否堵塞。

②控制柜显示液压泵升压结束，专用半挂车压力显示正常，刚刚加气压力表示值马上降下来，处理方法：确认专用半挂车加气手动阀是否已开启。

③控制柜显示液压泵升压结束，专用半挂车压力显示较低，刚刚加气压力表示值马上降下来，处理方法：确认液压节能型天然气汽车加气站注油手动阀是否已开启。

④注油软管快装接头与CNG拖车接头无法结合，处理方法：确认块体放散阀是否开启并放净余压。

⑤回油软管快装接头与CNG拖车接头无法结合，处理方法：确认块体放散阀是否开启并放净余压。

⑥卸气软管快装接头与CNG拖车接头无法结合，处理方法：确认块体放散阀是否开启并放净余压。

⑦子站拖车在母站不能加气处理方法：确认是否连接好母站加气气动控制管并打开了前仓气动阀，连接并重新加气。

⑧子站拖车在母站不能加气处理方法：确认母站气动控制气源压力是否较低，气动阀没有打开，提高压力后进行加气。

⑨第一单元加气结束到第二单元不足1min，系统忽然停止运行报警显示，处理方法：确认回油手动阀是否已开启，然后按操作手册进行处理。

⑩系统不能启动，处理方法：确认是否有报警存在。

⑪系统不能启动处理方法：确认是否全部被锁定释放并重新启动。

⑫系统启动后电动机空载运行，显示进入操作单元，液压泵没有给系统升压，处理方法：确认自动控制气源空压机是否已开启，启动空压机后重新启动系统。

⑬系统启动后电动机空载运行，显示进入操作单元，液压泵没有给系统升压，处理方法：确认自动控制气源总阀是否打开，打开气阀后重新启动系统。

3）设备故障处理

①液压泵升压达不到设定值，加气速度受到影响，处理方法：检查溢流阀调节旋钮是否松动，确认后调整压力到设定值，然后锁定锁紧螺母。

②液压泵升压能达到设定值，但升压非常慢，加气速度受到影响，处理方法：检查油泵卸油管是否有回流油，确认后停机检修泵出口组合块上气动换向阀，清洗锈蚀和污物使

之换向灵活。

③液压泵升压能达到设定值,但升压非常慢,加气速度受到影响,处理方法:检查压力表开关、卸油管是否有回流油,确认后停机检修压力表开关,清洗锈蚀和污物使之换向灵活。

④液压泵升压能达到设定值,但升压非常慢,加气速度受到影响,处理方法:检查油泵入口过滤器差压表是否超出范围,确认后停机更换油过滤器滤芯。

⑤液压泵升压能达到设定值,升压速度没有减慢,但加气速度非常慢,处理方法:检查气体过滤器是否堵塞确认后停机更换过滤器滤芯。

⑥液压泵升压能达到设定值,升压速度没有减慢,但加气速度非常慢,处理方法:检查加气机过滤器是否堵塞,确认后停机更换加气机过滤器滤芯。

⑦液压子站运行中发现专用半挂车前仓连接接头漏气,处理方法:按急停按钮使系统停止运行,关闭漏气接口所在管路的手动控制阀,将系统处理合格后由专业维修人员进行修理。

⑧当系统中任何一点出现压力异常、超压时,应立即关断系统,泄压。查明故障源,排除后方可重新启动。

⑨液压子站运行中发现子站拖车后仓连接接头漏油处理方法:按急停按钮使系统停止运行,关闭漏油接口所在管路的手动控制阀,将系统处理合格后由专业维修人员进行修理。

⑩系统运行中,忽然出现不能加气的现象,处理方法:确认钢瓶出气气动阀(或子站出气气动阀)是否非正常关闭,如是,检查气动管接头密封情况并处理泄漏。

⑪系统运行中出现不能回油的现象,处理方法:确认钢瓶回油气动阀是否非正常关闭并做相应处理。

⑫控制柜显示低压报警不能复位,系统不能启动,处理方法:检查低压压力开关触点是否卡住,并将其复位。

⑬控制柜显示油泵出口压力与现场压力相差很多,处理方法:检查压力传感器接线端子是否松动,并将其紧固。

4)控制柜人机界面报警系统故障处理见表7.1-2。

控制柜人机界面报警系统常见故障处理 表7.1-2

序号	屏幕显示	屏幕显示含义	报警原因及处理方法
1	压力开关动作	压力开关动作	压力开关动作超过15s而未复位,余压过高,高压气倒入,促使回液不完全,丢液等问题;可能原因:没有按规定液位进行操作,液位低时没有及时补充液体介质
2	液位过低	液位已达到最低限	液体达到液位最低限,导致继续注液而发生此报警,检查液位低于弹簧管是否有问题
3	软启动故障	电动机软启动器出现故障	检查电动机是否过载、缺相等,解除故障后,需按下软启动器复位按钮,再按下控制柜复位按钮,可解除报警

续表

序号	屏幕显示	屏幕显示含义	报警原因及处理方法
4	电动机温度高	电动机内部温度开关动作	可能由于电动机轴承损坏或电动机过载等，导致电动机温度升高，致使温度开关动作。消除故障后，且电动机温度开关自动复位，按下控制柜复位按钮，即可解除报警
5	注油时间不足	注液时间短	注液时间低于参数设定的注液报警时间，此时可能出现回液时间也短，压力开关被激活等多种报警同时出现。应首先考虑上一个储气瓶二次回液时余压过高；空压机压力不够，导致回液气动执行器关闭；或在系统运行中，进入过程操作，使用过设备重启，造成注液累计时间不够等
6	1~8号气瓶回油时间不足	回液时间短	由于回液过程中瓶内余压高，或其他瓶回液球阀内漏，造成油气混合，光电开关灯亮，造成回液停止，但又低于参数设定的回液报警时间，故产生此报警。按下控制柜复位按钮，重新启动系统后，继续回液或手动回油
7	液位高报警	阳位已达到最高限	可能回液时余压过高造成。检查介质液面高度是否正常，按下复位按钮，即可解除报警
8	换车超时	换车时间长	如果管路已经转换完毕，按下换车确认按钮，按下控制柜复位按钮，可解除报警。再按下启动按钮，即可重新启动，继续系统运行。如果操作人员没有再次按下换车确认按钮，即使管路已经转换完毕，系统仍发出该报警

7.2 场站设备的交工及验收

7.2.1 设备安装要求与试运行

（1）各种运转设备在安装前应进行润滑保养及检验。

（2）各种运转设备在安装后投入试运行前要认真检查连接管道、安全附件是否安装正确，各连接结合部位是否牢靠。

（3）各种设备及仪器仪表，应经单独检验合格再安装。

（4）所有的非标准设备应按设计要求制造和检验，除设计另有规定，应按制造厂说明书进行安装与调试。

（5）管道安装应符合下列要求

1）焊缝、法兰和螺纹等接口，均不得嵌入墙壁和基础中。管道穿墙或穿基础时应设在套管内。焊缝与套管一端的间距不应小于100mm。

2）干燃气的站内管道应横平竖直；湿燃气的进出口管应分别坡向室外，仪器仪表接管应坡向干管，坡度及方向应符合设计要求。

3) 调压器的进出口箭头指示方向应与燃气流动方向一致。调压器前后的直管长度应按设计或制造厂技术要求施工。

(6) 调压器、安全阀、过滤器及各种仪表等设备的安装应在进出口管道吹扫、试压合格后进行,并应牢固平正,严禁强力连接。

(7) 与储罐连接的第一道法兰、垫片和紧固件应符合有关规定,其余法兰垫片可采用高压耐油橡胶石棉垫密封。

(8) 管道及管道与设备之间的连接应采用焊接或法兰连接,焊接应采用氢弧焊打底,分层施焊;焊接、法兰连接应符合《城镇燃气输配工程施工及验收规范》CJJ 33—2005 第5节的规定。

(9) 管道及设备的焊接质量应符合下列要求:

1) 所有焊缝应进行外观检查;管道对接焊缝内部质量应采用射线照相探伤,抽检个数为对接焊缝总数的 25%,并应符合《承压设备无损检测》JB/T 4730—2012 中的 Ⅱ 级质量要求。

2) 管道与设备、阀门、仪表等连接的角焊缝应进行磁粉或液体渗透检验,抽检个数为角焊缝的 50%,并应符合《承压设备无损检测》JB/T 4730—2012 中的 E 级质量标准。

(10) 场站内的设备试运行应先进行单机无负荷试车,再进行带负荷试车;在单机试车全部合格的前提下,最后进行站场内设备联动试车。联动试车宜按工艺系统设计的介质流动方向按顺序进行,直至联动试车合格为止。

7.2.2 设备的交工及验收

(1) 设备应在联动试运行合格并办理完竣工验收后方可交工。

(2) 工程建设整体验收应在各分项工程验收合格的基础上进行。

(3) 设备验收应由建设单位、设计单位、施工单位、工程监理单位、建设行政主管部门及质量技术监督管理部门共同组织进行验收。

(4) 在办理工程交工验收时应提交以下文件资料:

1) 项目投资立项审批报告及可行性研究报告;
2) 项目建设规划许可证;
3) 项目建设招投标文件;
4) 项目建设开工许可证;
5) 项目建设设计、施工、监理等合同文件;
6) 工程勘探、测量资料、设计图纸及设计评审文件等;
7) 设备、材料合格证书、质检报告及施工过程中的全部原始记录;
8) 设备监理及政府监检评定报告;
9) 各分项分部工程验收合格证书;
10) 竣工图;
11) 系统总体试车记录及项目总验收报告等。

8 CNG 加气站运行管理

CNG 加气站在建设和设备安装完成后需要首先进行试运行，试运行通过后在当地政府安全生产监督管理部门办理备案手续后方可投入使用。在使用过程中必须清楚地掌握加气站设备操作规程，以保证任何情况下的人身和设备安全。设备在使用过程中必须按照使用说明进行定期维修及维护，并按期进行消耗品的更换，以保证设备高效、良好、安全的运行状态。本章对 CNG 加气站主要设备操作规程、维修保养以及润滑油管理进行介绍。

8.1 CNG 加气站管理制度

8.1.1 岗位职责

1. 站长岗位职责

（1）履行本站安全生产第一责任人职责，领导全站职工完成公司下达的安全生产工作任务。依据公司要求和年度计划，制定本站经营目标，并落实到生产中去，完成各项年度指标。

（2）认真学习法律、法规，严格遵守公司各项规章制度，建立健全正常工作秩序，实行定期或不定期检查，及时发现问题并解决问题。

（3）做好全站人员的思想工作，积极培养生产骨干。调动员工工作积极性，提高员工业务水平及为顾客优质服务的素质。组织全站职工业务技术学习、岗位练兵、职工道德教育、消防和应急预案的演练，使其具备正确实施突发事件预案的能力。

（4）掌握站内重点安全控制点的控制方法，能识别和及时处理设备发生的故障，能够准确处理各种突发安全事件。

（5）认真做好本站设备维护工作，按计划实施检修和保养，定期组织人员对设备、管线阀门、仪器仪表、消防重点部位、消防器材、报警装置进行检查、维护，确保处于良好状态。

（6）全面了解每班气质情况，做好售气压力、售出数、结算数和误差数的登记工作，努力保证商品的购进、销售、结算不出差错。

（7）严格核准每班的售气数量及金额，配合当班负责存款人员按公司规定做好现金管理及日存款工作。

（8）负责检查交接班巡检、衔接、登记工作是否到位。核对交接班记录是否正确，督促班长及时准确的记录交接班抄表数据。配合公司各主管部门做好加气站与公司的月终销售对账工作。

（9）处理好站内各项事务。备品备件要及时补充并做好保管。保管好站内各种运行记录，按公司要求做好存档。

（10）随时检查监督各岗位责任制和操作规程的执行情况，检查在岗人员设备维护保养、站内卫生工作是否符合标准，检查站内人员的着装、仪容、仪表、服务是否规范、标准。

（11）做好本站每月排班表，严格按排班表出勤管理。做好班组人员调配、工作时间安排和衔接。考勤登记内容必须真实、准确。对班组长和班组工作定期考核并提出考核和奖惩意见。月终将本站的病假、事假、考勤表及次月员工排班表等上报公司备案。

（12）召集班长开"碰头会"，传达公司和加气站的指示要求。交流近期销售情况，对工作中出现的问题进行分析、总结。每月开一次月终站务总结会和安全教育会，找出问题，指正缺点，提出合理化建议，在肯定成绩的基础上吸取经验教训。向公司领导汇报加气站工作情况，接受领导的工作检查，执行有关指令。

2. 班长岗位职责

（1）协助站长做好本站的运行管理和安全（保卫）工作，在当班时间行使对本站的安全（保卫）管理职责。

（2）班长必须做到遵守站内的各项规章制度，熟悉站内各种设备及设施的位置和使用操作的安全规程，能识别和排除设备发生的故障，懂得和能够处理各种突发安全事件。

（3）必须严格遵守各项规章制度，坚持生产必须安全的原则，确保上级交给的各项任务的完成。

（4）负责对本班员工进行管理，包含值班管理、技术指导、安全教育等。带领全班人员搞好安全文明生产、优质服务。

（5）做好本班内各岗位人员的配置，对班内每个成员全面情况进行综合检查考核，并提出考核意见。

（6）负责交接班的设备检查、交接班及值班记录。指挥本班员工正常完成加气任务。

（7）操作或指挥员工操作压缩天然气运输罐车的卸气工序，配合罐车司机和押运员检查压缩天然气运输罐车的安全状态。

（8）做好对压缩机、储气井、售气机及配电设施等关键设备的安全巡查工作，认真填写安全运行记录。

（9）负责监控加气站内安全生产和人流、车流情况，合理调度加气车辆，确保站区正常的生产工作秩序。

（10）遇突发事件，应及时上报并能正确的、迅速有效的指挥和参与处置。

（11）完成站长交办的其他工作。

3. 加气员岗位职责

（1）加气员要经过上岗培训，上岗时要按规定着装，妥善保管、正确使用各类劳动防护器具和消防器材。忠诚企业，热爱集体，遵守职业道德，牢固树立安全第一的思想。

（2）严格执行公司制定的规章制度，遵守劳动纪律。严格执行天然气充装操作规程，认真核对充装天然气的数量和充装车辆信息，杜绝天然气接卸过程中跑、冒、漏等事故发生。

（3）严格按充装操作规程和工艺指标要求进行操作，为用户安全、平稳的充装压缩天然气。认真做好充装记录，严禁违规、超压充气。

（4）对进站车辆必须进行充装前的有关安全检查。严格执行气瓶"八不充装"规定。

（5）熟知消防知识及发生紧急情况的应急处理预案。熟记本站消防设备的数量和摆放位置，懂得正确使用消防设施。

（6）熟习加气站工艺流程和控制点以及控制点的操作方法。掌握加气设备的基本构造和技术性能，能够判断加气设备是否在正常工作状态运转。

（7）自觉维护加气站的现场秩序，加强服务意识，提高服务质量，对顾客做到"主动、热情、耐心、周到"。用好礼貌用语，维护公司形象，不予顾客发生任何冲突。

（8）搞好工作场所有设备、消防器材等的日常维护和保养，做好设备、消防器材和生活环境的卫生清洁工作。

（9）参加技术业务学习，岗位练兵，消防安全知识学习和演练，不断提高自身素质。

（10）服从领导安排，听从班长指挥，接受站长、班长的检查考核，维护集体团结。

（11）协同站长、班长做好交接班记录，完成站长、班长交办的其他工作。

4. 设备管理人员岗位职责

（1）掌握天然气加气站内设备的维修技术及性能，负责全站设备、加气工具的维修保养工作，出现问题及时排除，严禁带故障运行，保证生产和工作的安全进行。

（2）负责组织安排本站压缩机组、储气井、配变电设备及控制屏等所有设备、管线、阀门、仪表的日常管理和保养与维修工作，确保设备处于良好状态，达到安全运转。

（3）监督检查操作人员严格遵守操作规程，合理使用和维护好设备，坚持清洁、润滑、调整、紧固、防腐的"十字"作业方法，严禁设备潮湿、超压、超负荷带病运行。

（4）监督检查操作人员应严格执行设备润滑管理制度，搞好润滑"四定"（即定质、定量、定时、定人）的工作，坚持"三级过滤"制度。

（5）组织操作人员加强技术学习与岗位练兵活动，做到"四懂"，即懂结构、懂原理、懂用途、懂性能；"三会"，即会操作、会维修、会排除故障。

（6）定时定期对设备巡回检查，做好设备的日常检修和养护，做好检查维修记录，消除事故隐患。负责设备记录、台账、资料的整理、归档和上报工作。

（7）参加加气站内新安装设备，定检设备的验收、调试工作，并提出意见，达不到标准要求的不准交付使用。

（8）对因维修不及时或违反操作规程、管理制度或维修质量不符合要求造成的损失或事故负责。

（9）定期检查设备情况，确保设备良好运行，每月应将设备运转情况形成书面材料上报站长。

（10）协同站长做好加气站设备管理工作，完成站长交办的其他工作。

5. 安全员岗位职责

（1）认真执行安全生产方针、政策、法令、法规及公司有关安全生产标准，严格执行各项安全生产规章制度。开展安全生产宣传教育，普及消防、安全知识。监督指导加气车辆司机遵守加气站安全制度。

（2）协助站长做好本站的安全工作，协助站长开展安全事故救援工作。

（3）认真执行公司的安全、消防、交通等安全制度、规定，经常对本站员工进行安全教育。督促员工遵守安全操作规程和各项安全生产制度，在安排生产任务的同时，结合本班组内实际情况，向员工具体交代安全操作方法和注意事项。

(4) 督促员工正确穿戴个人防护用品，严禁违章、冒险作业。深入现场巡回检查，对各种直接作业环节进行安全监督，及时纠正违章和失职行为，督促检查隐患整改，遇有紧急情况有权令其停止作业。

(5) 培训义务消防队队员，开展防火、防安全事故的紧急预案演练。

(6) 经常教育和检查员工遵守安全操作规程，制止一切违章操作行为，使设备、安全设施等处于良好状态。

(7) 管理和维护站内消防器材、设施和设备。

(8) 发生安全事故时，要积极组织开展抢救工作，保护事故现场，并立即向相关部门和公司报告，协助公司和有关部门调查事故原因。发生事故时，积极抢险、救灾，保护现场，按"三不放过"原则协助领导查处事故，督促落实防止事故的措施。

(9) 协助站长对安全隐患进行整改，对站上的不安全行为，有权且有责任进行制止，对本站的安全工作有责任向公司主管部门或公司领导进行汇报。

8.1.2　安全生产管理规定

(1) 加气站员工要严格执行岗位技术规范，遵守各项操作规程。杜绝责任事故，预防技术事故。

(2) 坚守工作岗位，注意监视压力、温度、流量，做到设备不超压、不超载运行。

(3) 定时检查设备运转情况，注意有无异常声响和跑、冒、滴、漏现象，发现问题及时检查和整改，做到设备不带故障运行，人员不带思想情绪上岗。

(4) 加气站属于安全防火的重点单位，必须坚持"预防为主，防消结合"的方针，切实做好安全的防火工作。加气站员工有权劝阻、纠正他人的不安全行为，有权拒绝不符合安全要求或违反操作规程的指挥、调度和安排。

(5) 要对进站充气的车辆进行引导，应按指定位置停放，加气时必须先熄火、关闭车上所有电器设备，严禁在加气时发动车辆，严禁在站内检修和使用汽油擦洗车辆。

(6) 加气站员工应熟知"四懂四会"，每周进行一次安全知识学习，检查一次安全、消防措施的落实情况。

(7) 加气站员工必须持操作证，戴好安全帽、穿好劳动保护服装上岗。坚持岗位练兵制度，积极参加各项安全生产活动，主动向领导或有关部门提出合理化建议和意见。

(8) 熟知消防设备性能和使用方法。站内动用明火作业须按规定办理动火手续，并制定严密的防范措施。

(9) 作业时，严禁非防爆工具撞击，禁止用汽油擦洗衣物，严禁穿戴化纤服装和铁钉鞋上岗、严禁酒后上岗。

(10) 站内严禁吸烟，易燃易爆物品不得靠近防火区，重点单位必须有安全防火的明显标志。严禁用汽油等易燃易爆物品擦洗设备。做好防触电、防火灾、防爆炸、防冻伤、防人身伤害、防机械事故等工作。

(11) 站内禁止使用手机、照相机、摄像机等非防爆电器。

8.1.3　站场巡查管理规定

(1) 按工艺程序和技术要求沿巡回检查路线，逐项逐点检查。

(2) 接班检查一次，交班检查一次，发现问题及时处理并记录，防止事故隐患交到下班，问题严重要及时向站长汇报。

(3) 检查储气井、压缩机、干燥器、加气机、消防器材设施是否完好正常，周围有无火灾隐患，记录表数量是否齐全，值班日志是否填写，站内有无跑、冒、滴、漏现象。

(4) 站内各危险点处标志牌、警示标志、入站须知是否齐全完好，如有问题及时做好记录上报站长。

(5) 巡回检查路线：

配电室→压缩机→干燥器→储气井→加气机→值班室。

(6) 巡检要求：

巡检人员应着劳保装，戴安全帽等，持可燃气体检漏仪；严格按照巡检路线进行，杜绝漏检、漏记。

(7) 巡检内容：

巡检人员应做到"一看、二听、三闻、四摸、五改、六报"；

一看：看设备状态是否正常，各附件是否齐全，参数是否正确；

二听：听设备内有无异常声音和报警声；

三闻：闻有无天然气气味；

四摸：摸连接部件有无松动，安全防护装置是否牢靠；

五改：整改发现的问题，及时处理；

六报：汇报所发现的问题，本人不能处理的，请示主管部门解决，并做好记录。

在巡检过程中发现违反操作规程的行为，有权立即给予制止并做及时处理；非本站正式岗位职工，不得单独巡检；若进行巡检，必须由正式岗位职工带领。

8.1.4 设备管理制度

1. 设备运行动态管理

(1) 设备运行动态管理，是指通过一定的手段，使各级维护与管理人员能够牢牢掌握设备的运行情况，依据设备运行的状态制定相应措施。

(2) 建立健全系统的设备巡检标准。加气站要对每台设备，依据其结构和运行方式，定出检查的部位、内容、正常运行的参数标准（允许值），并针对设备的具体运行特点，对设备的每一个巡检点，确定出明确的检查周期，一般可分为时、日、周、旬、月检查点。

(3) 健全巡检体系。生产岗位操作人员负责对本岗位使用设备的所有巡检点进行检查，维修人员负责重点设备的巡检任务和设备的全面运行动态。

(4) 信息传递与反馈。生产岗位操作人员巡检时，发现设备不能继续运转，需紧急处理的问题，要立即向站长汇报，由值班负责人组织处理。一般隐患或缺陷，检查后记入检查表，并及时传递给设备维修工。设备维修工进行的设备点检、维修，要做好记录，按月汇总整理，并向技术保障部反馈。技术保障部负责把点检、维修情况记录在设备档案内。

2. 设备维护、保养管理

(1) 认真落实设备的管理方针、政策、法规和条例，实行综合管理，保证生产任务顺利完成。

（2）按照技术规范和操作要求，正确使用维护好设备，严禁设备超温、超压、超负荷带病运行，确保设备完好。

（3）坚持"清洁、润滑、调整、紧固、密封、防腐"十二字作业法，严格设备润滑管理制度，搞好润滑油"五定"（定点、定质、定量、定时、定人）的工作，支持"三级过滤"制度。保证各类设备平稳运行。

（4）搞好设备日常维修保养，加强技术学习，做到"四懂"（懂结构、原理、用途、性能）、"三会"（会操作、维修、排除故障）。

（5）工作人员严格执行"岗位职责"和"巡回检查"制度，每小时对设备运行情况进行一次检查，并做好运转记录。

（6）建立设备档案，做好维修保养记录，及时上报设备报表，按时汇报设备管理情况。

（7）管理好设备的专用工具、器具、备件，使设备处于良好的运行状态。

（8）保证设备的正常运行，遇有紧急情况，应按应急措施处理。冬季要做好设备的防冻防凝工作。

8.2 CNG加气站设备操作规程

8.2.1 天然气压缩机操作规程

1. 开机前的准备工作

（1）检查天然气进气压力是否在 0.3~0.4MPa 范围内，压缩机进气阀门及储气井阀门是否开启。

（2）检查污油罐排污阀与旁通放空阀是否开启。

（3）检查换热器水箱液位是否 1/2~2/3 之间，进出压缩机循环水阀门是否打开，并打开一级缸冷却器旋钮，检查是否有水流出。

（4）检查压缩机机油是否在上下刻度的中间位。

（5）检查压缩机仪表风阀门是否开启。

（6）检查压缩机上所有排污阀门是否在关闭状态，两天需排污一次。

（7）检查各接头及部件有无松动、漏油、脱落等现象。

（8）检查配电柜急停开关是否在复位状态，观察指示灯及显示屏在"现场启动"。

2. 压缩机的启动运行

（1）检查完毕后，接通配电柜的电源开关，电源指示灯"POWER"亮。

（2）检查压缩机控制柜上电压电是否正常，"F1"显示现场按启动按钮。

（3）按下压缩机启动按键，压缩机进入自动循环状态。

（4）检查有无"跑、冒、滴、漏、异味、异响"等现象。

（5）压缩机启动后，观察机油压力，水泵压力，天然气压力是否正常，在压缩机控制柜上按"F8"观察各种所需参数是否正常，当高、中、低压力达到设定压力时，高、中、低压指示灯亮，做好当班记录。

8.2.2 空气压缩机操作规程

1. 开机前的准备

（1）检查各部件及各接头有无松动、漏油、脱落现象。

（2）检查压缩机分离油罐中润滑油是否在正常油位。

（3）长时间不使用压缩机，在启动前，应用手按压缩机箭头所指方向转向转动压缩机盘车几圈。

（4）检查压缩机排气口阀门及储罐进出口阀门是否开启。

（5）检查压缩机与电动机皮带松紧程度是否符合要求。

（6）检查紧急切断阀开关是否在复位状态。

（7）要保持室内通风良好。

2. 压缩机的启动运行

（1）检查完毕后，推上配电室空气压缩机总电源泵开关，接通空气压缩机的电源开关，按下空气压缩机启动按钮，压缩机开始工作。

（2）动瞬间，看压缩机转向是否与箭头所指方向一致，否则应紧急停机。

（3）有无"跑、冒、滴、漏、异味、异响"等现象，否则应紧急停机。

（4）压缩机从 0.0MPa 升到 1.0MPa 时，观察各种仪表及自动切换控制程序是否正常。

（5）空压机压力要保持在 0.7～1.0MPa 之间，压缩机和售气机才能正常工作，当压力升到 1.0MPa 时，空压机需自停，超压时则按急停按钮，查明原因。

8.2.3 CNG 站脱水装置操作规程

压缩天然气含水指标，将对加气站设备和储气瓶造成腐蚀性破坏，因此对压缩天然气脱水十分重要。操作前，操作工应熟悉脱水系统工艺流程，掌握各项数据。

1. 吸附与切换

（1）吸附

1）塔 A 吸附脱水时，打开高压进塔 A，高压出塔 A，关闭高压进塔 B 和高压出塔 B。

2）塔 B 吸附脱水时，打开高压进塔 B，高压出塔 B，关闭高压进塔 A 和高压出塔 A。

3）打开压缩机四级出口阀让压缩机平缓进入脱水塔，当脱水塔压力与高压瓶组压力差为 0.5MPa 时，打开通往瓶组的高压阀门，打开高压瓶组的阀门，让脱水后的高压干气平缓进入高压储气瓶组，吸附周期一般为 12～16h。

（2）切换

如塔 A 上吸附转为再生，塔 B 由再生状态转为吸附，先关闭低压再生进塔 B，低压再生出塔 B，缓慢打开高压进塔 B 和高压出塔 B，此时 B 塔处于吸附状态，然后关闭高压进塔 A，高压出塔 A，打开再生气与原料气串通阀，缓慢开启低压出塔 A，控制出塔压力小于 0.8MPa，当塔 A 高压与原料气压力一致时，打开低压进塔 A，此时塔 A 处于再生状态，关闭再生气串通阀。

2. 再生流程

（1）打开装置的排污阀，放掉残存的废水后，关闭排污阀。

(2) 打开装置与原料气串通阀,保证再生流畅。

(3) 微开高低压串通阀,高压气体经节流后进塔压力控制在 0.7～0.85MPa,塔前安全阀设置为 0.9MPa。

(4) 开启电加热炉,控制炉内温度在 180～200℃,当出塔温度达到 110℃恒温 1h 后加热合格,关闭电加热炉,进行冷吹至出口温度小于 45℃时,关闭高低压串通阀及原料气串通阀,放开排污阀,放掉废水后关闭排污阀,再生周期为 6～8h。

(5) 冷吹通入高压节流气,控制压力低于 0.85MPa,将塔出口温度降至 45℃以下。

8.2.4 脱硫装置操作规程

H_2S 不仅具有剧毒,而且腐蚀性极强,对 CNG 加气站和天然气汽车都具有一定的危害。脱硫装置通常称为脱硫塔,是 CNG 加气站保证压缩天然气质量的重要设备。按国家规范规定 CNG 加气站出站压缩天然气 H_2S 含量应不大于 $15mg/m^3$,进站原料天然气超过这个标准都必须进行脱硫。

1. 操作前操作工应熟悉的基本原理

(1) 压缩天然气脱硫工艺原理。目前,CNG 加气站对原料天然气脱硫的方法基本上都采用海绵铁法。当天然气通过脱硫塔内脱硫床脱硫剂层时,所含 H_2S 与脱硫剂反应生成硫的化合物而被除去。脱硫剂在脱除一定量的 H_2S 后逐渐失效,需要进行再生或更换新的脱硫剂。

(2) 脱硫塔结构。固体海绵铁脱硫塔由床层支承板,顶部和底部的气体进口、出口管嘴和分配器,装料孔和排料孔,以及测试接口、排污口、压力表插孔等组成。

2. 吹扫、试压和置换

新建和大修后(更换脱硫剂后)的 CNG 加气站脱硫系统在投入生产和试生产前都必须对脱硫塔进行吹扫、试压以及置换系统中的空气。

3. 脱硫系统开车操作

(1) 打开脱硫塔后分离器阀门,使脱硫塔与进站天然气流程连通循环。

(2) 打开脱硫塔进出口阀门,使原料气进入脱硫塔,脱硫后的清洁气进入分离器,将气体中的水分分离出去,定时进行排污。

(3) 打开脱硫系统前分离器阀门,使经过水、气分离的气体进入脱硫塔脱硫。

(4) 观察进、出口压力表,确认系统处于正常工作状态。进口压力高于出口压力 1MPa 左右均为正常状态。

(5) 每班对脱硫塔分离器进行一次排污。

(6) 填写脱硫操作记录。

4. 脱硫系统停车操作

(1) 关闭脱硫塔前分离器阀门,截断进入脱硫塔气源。

(2) 关闭脱硫塔进出口阀门,防止流程余气回流脱硫塔。

(3) 关闭脱硫塔后分离器进口阀门,防止气体倒流。

(4) 对脱硫塔前、后分离器进行排污。

(5) 对脱硫塔进行排污。

(6) 填写脱硫系统停车记录。

5. 脱硫剂的再生更换

(1) 一般用测量法判断脱硫剂是否应再生更换。
(2) 打开再生板对脱硫剂进行再生、还原。
(3) 打开排料口，排出旧脱硫剂。
(4) 为了防止旧脱硫剂自燃，适当用水喷淋排出的旧脱硫剂。
(5) 清扫整理塔内脱硫剂支撑算子板、筛网垫等，做好装填脱硫剂的准备。
(6) 通过过筛，筛出可以重复利用的旧脱硫剂同新脱硫剂混合使用。

6. 脱硫剂的装填

(1) 对脱硫塔内的算子板等部件进行检查，确认无误。
(2) 将装袋的脱硫剂用滑轮吊入塔内。
(3) 将脱硫剂装入塔内。
(4) 装填过程中，一般应禁止足踏脱硫剂，可用木板垫在料层上再进入塔内操作或检查装填情况。
(5) 一般应装到一定高度后再放置一层不锈钢钢丝网，用瓷球压住后再进行进一步装填。
(6) 装填到位后，关闭（密封）进、出料口。
(7) 做好更换脱硫剂记录。

8.2.5 充装前、后的检查操作规程

1. 加气前检查程序

(1) 检查改装车辆铭牌，以确认适合加 CNG。
(2) 检查加气瓶压力表确信未充满。
(3) 检查车辆加气嘴是否洁净。
(4) 严格首次供气检查，在投用之前必须有授权人员或持证安装人员，用肉眼检查装置，以确信装置符合本标准的规定。

2. 加气后检查

(1) 加气工在给汽车加完气后应对加气罐、调压器等重要部分进行检查。
(2) 加气罐外表检查：当保护涂层的任何缺陷被发现时应采取紧急放气措施。
(3) 高压管路泄漏情况应及时通知维修人员整改后才能使用。
(4) 加气完成后将加气嘴戴上防尘塞。
(5) 在加气操作中要有一名受过培训并有实际经验的人员关注整个操作过程。

8.2.6 加气操作规程

1. 引导加气车辆驶入规定的加气位置

(1) 加气车辆须熄火拉紧手闸，由司机打开车上的加气口门和加气口防尘帽。
(2) 询问司机车的状况，接好安全接地线后，将加气枪头插入车上的加气口联结牢固。
(3) 在确认联结牢固后，打开加气枪开关，打开汽车上加注阀开关，开始加气。
(4) 注意绝不能超压、超量。加满之后，关闭加气枪开关，关闭汽车上加注阀开关，

将加气枪开关扳到放空位置,从车上取下加气枪,并放回原处,取下接地线。

(5) 请司机确认加气量,加气价格后付费,让司机装上防尘帽盖,关好加气门。

(6) 引导加气车辆离站。

2. 加气注意事项

(1) 在加气工确认无明火后将前来加气的车辆安全诱导到指定的位置。

(2) 要求驾驶员拔下车钥匙,离开驾驶室,开后盖箱。

(3) 检查充填器是否在使用期内以及贴有规定的指标。

(4) 严禁加气车辆就地放气卸压。

(5) 加气时连接要牢靠,加气软管不允许相互交叉和缠在其他设备上。

(6) 加气量不应超过钢瓶容积的85%。

(7) 发现浮标尺不能显示正常的加气量时应停止加气。

(8) 发生紧急情况时应立即关闭气瓶阀,力争把气体的泄漏量控制在最小范围内。

3. 加气机维护保养

(1) 要经常保持加气机的清洁卫生,对各部件上聚集的灰尘杂质应用清水擦洗。

(2) 定期用肥皂水检查气路系统的渗漏情况及时整改,经常检查充气软管连接头、过滤器,发现异常情况及时采取措施。

(3) 电脑部分和质量流量计严禁随意拆卸。

8.2.7 站区停、送电的操作规程

1. 站区停电操作

(1) 保证站区各用电设备处于关闭状态。

(2) 关闭站区用电设备的空开。

(3) 检查无误后关闭总电源。

2. 站区送电的操作

(1) 保证站区各用电设备处于关闭状态。

(2) 检查无误后合上总电源。

(3) 检查三相电压是否相符正常。

(4) 依次合上各用电系统开关。

(5) 启动备用电器设备观察运行情况,并做好运行记录。

3. 用电设备保养制

(1) 该机分为一、二、三级保养制并强制进行,并及时做好维修保养记录;

(2) 一级保养(每累计运转500±8h)内容:

1) 紧固各处连接螺栓和地脚螺栓,检查活塞锁母和十字头锁母。

2) 清洗并检查进气管路上的过滤器。

3) 清洗气阀积炭,检查气阀密封性。

4) 自控系统校验。

(3) 二级保养(每累计运转800±16h)内容:

1) 检查填料密封性刮油环的磨损情况,必要时更换。

2) 检查活塞环及活塞导向块的磨损情况,必要时更换。

3) 更换气阀易损件（阀片，阀簧）。
(4) 三级保养（每累计运转 16000±48h）内容：
1) 检查主轴承连杆，大小头轴承（瓦）磨损情况，测量间隙必要时更换。
2) 清洁气缸水套。
3) 检查气缸套的磨损和椭圆度。
4) 检查活塞杆的磨损情况。
5) 检查十字头径向间隙。

8.3　加气站运行记录表格、台账

1. 填写要求
(1) 交接班记录
交接班必须做好交接班记录，内容包括：1) 交接当班安全情况；2) 班前班后会，总结工作教训，安排下一班工作，分析客户增减情况；3) 仪器仪表、工器具、设备设施，环境卫生和报表台账等使用情况；4) 加气机字码累计数，充装量；5) 设备设施检、维修情况；6) 其他情况。最后交接班双方必须签字确认。（附件 1）

(2) 安全生产例会
每周一召开站安全生产例会，由站长组织，培训内容包括：1) 培训安全知识，强调设备安全、操作安全、人员安全、资金安全等；2) 站内运营情况、存在的问题和下周工作计划；3) 公司制度及下发文件的学习；4) 其他工作。形成记录，所有参会人员签字。（附件 2）

(3) 安全检查记录
每周按照安全检查记录由站长带领当班班长进行周自检，发现问题及时整改处理，并将处理情况填好，检查人和站长签字。（附件 3）

(4) CNG 设备充装检查记录
每充装一辆车必须填写：1) 填写运行参数，要求字迹清晰，数据准确，仿宋体填写，不允许涂改，所有项目必须填写，不能空项。2) 认真做好充装前后检查，气瓶检查项目包括：气瓶外观、铭牌、连接工艺管路漏气检测（用泵吸式检测仪）、气瓶压力是否异常、气瓶安全附件检查、仪表检查；每车每次每项必检，检查不合格，禁止充装。3) 充装检查人员签字。（附件 4）

(5) 拖车换车记录
由换车人员填写，要求字迹清晰，仿宋体填写，数据准确，不允许涂改，所有项目必须填写，不能空项。（附件 5）

(6) CNG 设备运营记录
要求字迹清晰，仿宋体填写，数据真实准确，不允许涂改，每小时巡检记录一次，必须按巡检路线，逐项检查填写，认真记录，严禁漏检、不检，严禁记录应付。（附件 6）

(7) 设备检修维护记录
要求字迹清晰，仿宋体填写，数据准确，不允许涂改，检修维护内容包括：时间、谁发现、谁维修（谁保养）、简述维修过程、恢复使用时间。维修和验收人必须签字确认。

（附件7）

（8）现金投币记录

要求现金达到 1000 元以上时，将整币捆好，写上标签（钱数、投币人名字），投入保险柜。投币时一人投币，一人监督，每投币一次如实填写投币台账，每班次结出合计金额。（附件8）

（9）来访人员登记表

来访人员进站，需进行进站安全教育，要求来访人员登记（来访人员包括：公司各部门人员、设备厂家人员、政府各部门人员等所有非本站人员），来访人、人数、单位、事由，由来访人员填写。（附件9）

（10）安全活动记录

安全活动要求每月至少组织一次，由安全运营部或站长组织，活动内容要求：有活动目的，活动开始时间、协助单位、活动过程和结束时间，最后还要有活动总结和评价。所有参加活动人员必须签字。（附件10）

（11）员工培训记录

员工培训由站长每周至少组织一次，培训内容包括：场站安全、公司规章制度、设备工艺、岗位职责、操作规程、劳动纪律、设备维护等所有场站运营管理要求，公司及各部门下发的文件等。表格填写内容中要有培训目的，培训开始时间、协助单位、培训过程，站长要对员工进行考核，将考核成绩如实记录，培训中存在的问题和不足做出总结，以便有针对性的组织下次培训。所有参加培训人员必须签字。（附件11）

（12）应急预案演练记录

应急演练由站长每季度至少组织一次，培训内容包括：消防应急演练、设备设施故障应急演练、安全事故应急演练及应对各种突发问题的应急演练等。表格填写中要求：有演练项目和目的；演练开始时间、协助单位、演练过程；总结应急演练中存在的问题和不足，是否达到了演练目的、是否符合应急演练要求。所有参加演练人员必须签字。（附件12）

（13）三级安全教育培训记录

所有新入职员工都必须进行三级教育，分公司级培训、部门级（站级）培训和岗位级（班组级）培训，每级培训不得少于 24 课时，新员工培训合格方可上岗；培训评价处填写培训成绩，培训考核人员签字。（附件13）

（14）值班记录

1）请认真做好值班工作，值班人员须详细记录当天发生的相关事件。

2）值班人员、当班班长、调度必须签名。（附件14）

（15）设备台账

由站长负责将场站所有设备按要求填写台账，要求字迹清晰，仿宋体填写，参数准确，不允许涂改，所有项目必须填写，不能空项。必须将场站所有设备统计入账。（附件15）

（16）维修工具台账

由站长负责将场站所有工具按要求填写台账，要求字迹清晰，仿宋体填写，参数准确，不允许涂改，所有项目必须填写，不能空项。如果损坏或丢失，在使用人处应由损坏

或丢失的本人签字，工具更换后及时更新台账。（附件16）

（17）消防器材台账

由站长负责将场站所有消防器材按要求填写台账，要求字迹清晰，仿宋体填写，参数准确，不允许涂改，所有项目必须填写，不能空项。如果损坏或丢失，应在备注处注明（要有时间和原因），更换后应及时更新台账，并在之前的备注处注明更换时间。（附件17）

（18）消防器材维护检查记录卡

由班长负责检查填写，站长复查，要求填写认真，字迹清晰，每月检查一次，保证记录卡卫生，如果损坏需更换记录卡，原记录卡不能丢失，须妥善保管。如果更换新的消防器材，记录卡应按实际更换检查日期填写。（附件18）

（19）安全阀台账

由站长负责将场站所有安全阀按要求填写台账，要求字迹清晰，仿宋体填写，参数准确，不允许涂改，所有项目必须填写，不能空项。有安全阀效验，需及时更新安全阀台账，统计人处签字。（附件19）

（20）监视和测量设备台账

由站长负责将场站所有监视和测量设备按要求填写台账，要求字迹清晰，仿宋体填写，参数准确，不允许涂改，所有项目必须填写，不能空项。如有监视和测量设备校验，需及时更新台账，统计人处签字。（附件20）

（21）压力容器台账

由站长负责将场站所有压力容器按要求填写台账，要求字迹清晰，仿宋体填写，参数准确，不允许涂改，所有项目必须填写，不能空项。如有压力容器检测后，需及时更新台账。（附件21）

（22）特种作业人员持证台账

由站长负责将场站所有员工持证情况按要求填写台账，要求字迹清晰，仿宋体填写，参数准确，不允许涂改，所有项目必须填写，不能空项。如有人员变动，需及时更新台账。（附件22）

（23）设备技术档案

1）设备卡片（附件23）、产品数据表（附件24）：严格按设备资料填写。

2）主要设备安全附件及备品备件目录：按实际数量填写，如有使用或变动要及时更新。（附件25）

3）设备检查记录：每个月至少检查并记录2～3次。（附件26）

4）设备检验记录：每次检验不必须填写。（附件27）

5）设备故障记录：出现故障，按故障发生位置填写（如加气机、泵橇区等）。（附件28）

6）设备月份运行记录：每月一次，由月初至月底，每月1日填写。（附件29）

7）设备检修记录：每次设备检修时填写。（附件30）

设备技术档案内所有记录要求字迹清晰，仿宋体填写，参数准确，不允许涂改，所有项目必须填写，不能空项。

2. 运行记录表格、台账管理要求

（1）严禁在运行记录表格、台账上乱写乱画；严禁出现运行记录表格、台账损坏或脏乱等情况。

（2）严禁运行记录表格、台账出现未按规范填写或未填、漏填以及未及时更新等情况。

（3）已填完的运行记录表格、台账要妥善保管，严禁丢失、损坏。

（4）有运行记录表格、台账至少保存两年以上。

（5）以上所有运行记录表格、台账必须按照规范要求填写，安全运营部将依据加气加油站综合管理检查考核细则予以考核。

9 CNG 加气站安全生产管理及消防安全措施

9.1 CNG 加气站安全生产管理

9.1.1 加气站安全生产要求

1. 加气站站内安全要求

（1）站内严禁烟火。
（2）进站加气的车辆必须减速缓行，限速 5km/h。
（3）进站加气的车辆禁止将无关人员或乘客带入站内，必须在站外下车，不得载人加气。
（4）加气时，车辆必须熄火，关闭车上所有电器装置，并采取可靠的制动措施。
（5）严禁在站内维修车辆，车辆出现故障时，必须推至站外处理。
（6）禁止在生产作业区域使用移动通信工具。
（7）禁止司机及非专业人员加气，禁止给存在隐患的车用气瓶加气。
（8）进站人员不得穿化纤服装和带钉的鞋靠近或进入爆炸危险区域。
（9）加气的车辆和人员未经许可不得进入生产区域。
（10）进站加气的车辆必须服从操作人员的指挥，按规定停靠在距加气岛 50cm 以外的范围，并按要求进出站区，不得逆向行驶。
（11）加气车辆不得碾压、拉伸、强行弯曲加气软管，人员不得踩踏软管，不得使加气软管受任何外力影响。
（12）加气车辆应具备有效充装证照，否则操作人员有权拒绝充装。
（13）加气结束后，待排空、拔出加气枪后方能启动车辆。
（14）站内发生突发事件时，应立即启动相应的应急预案。
（15）站内进行危险作业前，应按规定办理相关审批手续，作业中要严格落实安全措施、安全责任和安全监督。

2. 加气站操作工安全要求

（1）必须经过安全培训，并取得 CNG 充装资格证后方可上岗。
（2）按照规定正确穿戴劳动防护用品。
（3）熟练掌握加气操作规程及事故（事件）应急处理程序。
（4）当发现生产作业现场出现不安全因素时，有责任和义务停止作业并上报。
（5）遵守其他相关安全规定。

3. 主要设备安全要求

（1）加气机安全要求

1）防爆电气设备的电缆接线装置密封可靠，空余接线孔密封。

2) 各部件连接紧固，无松动，不漏气。
3) 接地端子接触良好，无松动、折断、腐蚀，铠装电缆的外绕钢带无断裂。
4) 加气机软管无龟裂，加气枪无泄漏。

(2) 压缩机安全要求

1) 稳定压缩机各级压力和温度。检查各级进出口气体压力和温度，及时调节冷却水的供应和分配，避免压力异常变化，降低各种消耗。
2) 补充冷却水量，控制水温。每天按时检查，保持液位至溢流液位。
3) 注意运行噪声，保持良好润滑。关注压缩机运动部件有无异常，检查压缩机和其他电动机工作电压、电流、温升情况是否符合工艺要求，确保运转正常。
4) 各种仪表、阀门、安全附件状态完好有效，阀门开关正常。
5) 保持各级管路连接牢固可靠。
6) 压缩机在运转中如出现不正常情况，应停止进行检修并排除故障。

(3) 储气井安全要求

1) 严禁在储气井附近进行可能产生火花的作业及热加工作业。
2) 储气井的正常工作压力不得超过25MPa。
3) 定期检查储气设施有无泄漏、位移等异常现象，发现问题及时处理。
4) 压力表、安全阀等安全附件工作状态完好有效。
5) 定期由专人对储气井进行排污，排污压力为8~10MPa。

(4) 储气瓶组安全要求

1) 严禁在储气瓶组附近进行可能产生火花的作业及热加工作业。
2) 储气瓶的正常工作压力不得超过25MPa。
3) 定期检查各气瓶阀门、气瓶连接组件和卡套，发现泄漏、堵塞及时处理。
4) 定期检查储气瓶组支架是否位移，固定气瓶的螺栓是否松动，防雷、防静电设施连接是否牢固。
5) 定期检查储气瓶组喷淋设施是否正常。
6) 确保压力表和安全阀状态完好，无漏气、结霜、堵塞现象；检查排空管道是否堵塞或有异物。
7) 定期（每两年）对储气瓶组进行送检。
8) 定期由专人对储气瓶组进行排污，排污压力为8~10MPa。

4．气瓶检查、充装安全要求

(1) 充装前应对车用气瓶进行外观检查，若有受损不得充装。
(2) 检查车用气瓶使用登记证和气瓶检定合格证，气瓶与合格证不符不予充装。
(3) 若充装部位和气瓶不在同一位置，则应保持气瓶安装所处位置的通风良好性。
(4) 车用气瓶无剩余压力不予充装。

9.1.2 CNG加气站安全禁令

1．反违章禁令

为进一步规范员工安全行为，防止和杜绝"三违"现象，保障员工生命安全和企业生产经营的顺利进行，要有以下禁令。

（1）严禁特种作业无有效操作证人员上岗操作。
（2）严禁违反操作规程操作。
（3）严禁无证从事危险作业。
（4）严禁脱岗、睡岗和酒后上岗。
（5）严禁违反规定运输民爆物品、放射源和危险化学品。
（6）严禁违章指挥、强令他人违章作业。
员工违反上述禁令，给予行政处分；造成事故的，解除劳动合同。

2. 防火防爆十大禁令

（1）严禁在站内吸烟，严禁私自携带香烟火种和易燃、易爆、有毒、易腐蚀物品入站。
（2）严禁未按规定办理用火作业票，在站内进行施工用火或生活用火。
（3）严禁穿易产生静电的服装进入爆炸危险场所。
（4）严禁穿带铁钉的鞋进入爆炸危险场所。
（5）严禁用汽油等易挥发溶剂擦洗设备、衣物、工具及地面等。
（6）严禁未经批准的各种机动车辆进入爆炸危险场所。
（7）严禁就地排放易燃、易爆物料及其他化学危险品。
（8）严禁在爆炸危险场所内使用非防爆设备、器材、工具。
（9）严禁堵塞消防通道及随意挪用或损坏消防设施。
（10）严禁损坏站内各类防火防爆设施。

3. 人员劳保防静电安全禁令

（1）凡是在正常情形下，爆炸性气体混杂物持续地、短时间频繁地涌现或长时间存在的场合及爆炸性气体混杂物有可能出现的场合，可燃物的最小点燃能量在 0.25MJ 以下时，应穿防静电服。
（2）禁止在易燃易爆场合穿脱防静电服。穿用防静电服时，还应与防静电鞋配套，同时地面也应是防静电地板并有接地系统。外层服装应完全遮盖住内层服装。分体式上衣应足以盖住裤腰，弯腰时不应露出裤腰。禁止在防静电服上附加或佩戴任何金属物件。
（3）防静电服应坚持干净，坚持防静电性能，使用后用软毛刷、软布蘸中性洗涤剂洗擦，不可破坏服料纤维。防静电工作服最好使用中性洗涤剂清洗，洗涤时不要与其他衣物混洗，采用手洗或洗衣机揉洗程序，防止导电纤维断裂。
（4）穿用一段时间后，应对防静电服进行检验，若静电性能不符合要求，则不能再以防静电服使用。

4. 防爆工具安全禁令

防爆工具的材质是铜合金，由于铜的良好导热性能及几乎不含碳的特质，使工具和物体摩擦或撞击时，短时间内产生的热量被吸收及传导。由于铜本身相对较软，摩擦和撞击时有很好的退让性，不易产生微小金属颗粒，于是我们几乎看不到火花，因此防爆工具又称为无火花工具。

1）在我们的日常工作中连续敲击 20 次后应该对工具的表面附着物进行处理，揩净后再做使用，千万不要连续使用，以免因为长时间地处于摩擦会使工具受热，会损坏工具。
2）使用后要揩净表面污秽和积物，放置干燥的安全地方保存。

3) 敲击类工具产品，不可连续打击，超过10次应有适当间歇，同时要及时清除产品部位附着的碎屑后再继续使用。

4) 扳手类产品不可超力使用，更不能用套管或绑缚其他金属棒料加长力臂，以及用锤敲击（敲击扳手除外）的方法旋扭紧固件。

5) 刃口类工具应放在水槽内轻轻接触砂轮进行刃磨，不可用力过猛和接触砂轮时间过长。

6) 在敲砸类工具实际操作中，必须清除现场杂物和工作面腐蚀的氧化物，防止第三者撞击。

7) 各种产品使用前要清除表面油污，按钢制工具参照说明书使用。

9.1.3 CNG加气站进站安全规定

(1) 进站人员必须遵守CNG加气站各项管理规定。

(2) 进入站区的人员、车辆必须接受值班人员的安全检查。

(3) 车辆一律停放在指定停车地点，严禁进入生产区。

(4) 进入站区的人员、车辆必须接受值班人员的监督检查，所有进入站内生产区的人员必须戴安全帽。

(5) 进入站内生产区必须关闭手机及各种非防爆通信器材。

(6) 严禁携带易燃易爆物品入站。

(7) 严禁携带火柴、打火机等火种进入生产区，严禁在生产区内使用明火。

(8) 严禁穿钉鞋入站，进入生产区域必须穿防静电服装、戴安全帽。

(9) 非本站工作人员禁止进入生产区。如因工作需要进入生产区时，须经站长批准，并由本站工作人员陪同，经登记、检查、教育后方可入站。

(10) 严禁动用站内消防设施器材和工具。

(11) 酒后人员不得进入站区，严禁小孩进入站区。

9.2　消防知识

9.2.1　天然气火灾危险性

天然气属易燃、易爆气体，天然气在空气中浓度达到15%以上时，可以正常燃烧。若天然气在空气中浓度为5%～15%的范围内，遇明火即可发生爆炸，这个浓度范围即为天然气的爆炸极限。爆炸在瞬间产生高压、高温，其破坏力和危险性都是很大的。压缩天然气汽车在行驶中发生爆炸火灾事故的可能性较小，而CNG加气站则是防火安全工作的重点，分析其火灾危险性，主要有以下几点：

(1) 加气站内充装的压缩天然气本身属于一级可燃气体，甲类火灾危险，爆炸极限浓度为5%～15%，最小点燃能量仅为0.31J，扩散系数为0.196，是易燃易爆并且扩散能力强、火势蔓延快的一种危险介质。

(2) CNG加气站通常用20MPa以上的压力将天然气压缩到钢瓶中，使钢瓶内天然气的储存压力保持在20～25MPa之间，这是我国可燃气体的最高压力容器，一旦压缩天然气的气质或钢瓶的质量、制造工艺以及加压设备等不能满足规定的技术要求，稍有疏忽，就有可能发生燃烧爆炸事故。

（3）由于目前我国对CNG加气站的专项标准和技术规范及对CNG加气站的质量管理、质量监理还有欠缺，有些单位为降低成本，在施工过程中偷工减料，使用不符合规范的材料，致使一些CNG加气站投入使用就有安全隐患。

（4）一些CNG加气站不认真落实安全组织、规章制度和各项安全管理措施，造成事故隐患；人员未经系统培训便上岗工作，导致违章作业或违反安全操作规程的事故发生，留下严重隐患。

9.2.2 CNG加气站防火措施

通过对CNG加气站存在的火灾危险性进行分析，防火安全预防措施主要应从加气站的建设、天然气的气质标准、钢瓶的质量和安全管理等几个方面来确定：

（1）制定完善的建设CNG加气站技术规范是爆炸防火安全的重要前提。

（2）坚持天然气的脱硫、脱水，提高天然气气质，是确保加气站安全的关键。因为如果天然气中的水不能脱净，就会使气体中的H_2S在高压下对钢瓶的腐蚀更快，造成钢瓶积水腐蚀。

（3）保证钢瓶的质量是确保安全运行的基本要求。CNG加气站内使用的钢瓶都是需要承压20MPa以上的高压容器，且承装的是可燃介质，一旦发生爆炸，极易形成二次爆炸，造成更大的人员伤亡和财产损失。钢瓶在使用中还应对钢瓶进行定期检验，检验不合格的钢瓶必须立即报废，严禁延长钢瓶使用期限和到期不送检，从而埋下隐患。

（4）加气作业区内，不得有"明火地点"或"散发火花地点"。加气站内设置的经营性餐饮、汽车服务等非站房所属建筑物或设施，不应布置在加气作业区内。

（5）加气站作业区内不得种植油性植物。

（6）做好CNG加气站的防雷和防静电工作也是确保消防安全的措施之一。站区内配电室和控制室、压缩机组、储气设施、干燥器、加气机的防雷等级应达到国家现行规范《建筑物防雷设计规范》GB 50057—2010的规定要求，接地电阻应小于10Ω，加气站的防静电接地设计则应达到国家现行规范《汽车加油加气站设计与施工规范》GB 50156—2014的规定要求，接地电阻不应大于100Ω。另外，加气站下列设备也必须采用防静电措施，以防静电引起火灾：

1) 储气设施应设一级地桩，并和系统连接。

2) 每台加气机应设一级地桩，并和系统连接。

3) 压缩机组的橇装壳体应与系统连接。

4) 脱硫、脱水设备橇分别设置一级地桩，并和系统连接。

5) 所有管线、配电柜外壳和安有仪表的柜门等都应接地。但防雷接地必须和加气站系统接地分开，单独设立。

（7）采暖通风的安全措施，有以下几点：

1) 加气站的采暖宜利用城市、小区或邻近的热源。无利用条件时，可在加气站内设置锅炉房。设置在站房内的热水锅炉房（间），应符合下列规定：锅炉宜选用额定供热量不大于140kW的小型锅炉；锅炉烟囱出口应高出屋顶2m及以上，且应采取防止火星外溢的有效措施；当采用燃气热水器采暖时，热水器应设有排烟系统和熄火保护等安全装置。

2）加气站内，爆炸危险区域内的房间或箱体应采取通风措施，通风设备应防爆，并应与可燃气体浓度报警器联锁；采用自然通风时，通风口总面积不应小于$300cm^2/m^2$（地面），通风口不应少于2个，且应靠近可燃气体积聚的部位设置。

3）加气站室内外采暖管道宜直埋敷设，当采用管沟敷设时，管沟应充砂填实，进出建筑物处应采取隔断措施。

（8）强化安全管理。CNG加气站必须强化内部消防安全管理，落实各级安全责任制，制定和建立健全内部的各项安全管理制度，成立义务或专职消防组织，配齐消防设备，坚持定期检测和每日巡检制度，对发现的火灾隐患及时进行整改。对上岗人员要经过严格的岗位安全培训和消防培训，并保证经考试合格持证上岗，严禁无证上岗。

（9）规范安全操作，避免人为引起火灾。CNG加气站的工作属于易燃易爆的特种工作，因此在工作中决不能疏忽大意，必须规范工作行为，认真做好以下几点：

1）对设备的操作要严格按照使用说明书的要求规范操作。

2）每天做到勤听（即听是否有漏气声）、勤摸（即摸各管接头是否冰凉，凉则说明有漏气）、勤看（即看是否有结霜现象，有则说明有漏气）、勤闻（即闻是否有臭味，有则说明有漏气）。一旦发现异常情况，一定要尽快查明原因，或紧急停止操作，及时排除故障。

3）建立严格的运行记录和交接班制度，每天必须详细记录各个技术数据，包括维修记录。

4）严格执行防火制度，进入站区的人员不能带任何火源，手机应关机，汽车要熄火方可加气。

5）对没有许可证或私自改装不合格的车辆，一律不得加气。

6）汽车加气时应用导线将汽车的金属部件和接地桩相连，以防静电打火。通过对CNG加气站的建设及操作过程中火灾危险性的分析探讨，从而找出最有效的防火安全措施，确保CNG加气站的消防安全，促进其迅速、安全健康的发展。

9.2.3 消防器材配置

1. 灭火器材配置

加气站工艺设备应配置灭火器材并应符合下列规定：

（1）每2台加气机应配置不少于2具4kg手提式干粉灭火器，加气机不足2台应按2台配置。

（2）CNG储气设施，应配置2台不小于35kg推车式干粉灭火器。当两种介质储罐之间的距离超过15m时，应分别配置。

（3）地下储罐应配置1台不小于35kg推车式干粉灭火器。当两种介质储罐之间的距离超过15m时，应分别配置。

（4）压缩机操作间（棚），应按建筑面积每$50m^2$配置不少于2具4kg手提式干粉灭火器。

（5）加油加气合建站应按同级别的加油站配置灭火毯和砂子。

其余建筑的灭火器配置，应符合国家现行规范《建筑灭火器配置设计规范》

GB 50140—2015的有关规定。

2. 几种常见灭火器的使用方法

(1) 手提式干粉灭火器

先把灭火器上下颠倒几次，使桶内干粉松动，拔下保险销，一只手握住喷嘴，另一只手用力压下按把，喷嘴对准火焰根部即可。主要用于初期火灾扑灭。

(2) 推车式干粉灭火器

一般由两人操作。使用时将灭火器迅速拉到或推到火场，在距离起火点10m处停下。一人将灭火器放稳，然后拔出保险销，迅速展开喷射软管，拿住喷枪，对准火焰根部；另一人压下按把，喷粉灭火。

(3) 二氧化碳灭火器

将灭火器提到起火地点，在距离燃烧物5m处，将喷嘴对准火源，打开开关，即可进行灭火。若使用鸭嘴式二氧化碳灭火器，应先拔下保险销，一只手紧握喇叭口根部，另一只手将启闭阀压把压下。若使用手轮式二氧化碳灭火器，应向左旋转手轮。

注意：使用以上灭火器均应站在着火点上风口，并保持有效安全距离，使用后的灭火器应立即撤离现场。

3. 消防给水管网和消防栓配置

(1) 消防给水管网

消防给水总管一般与生产、生活给水管道合并设置，但必须保证当生产和生活用水达到最高用水量时仍能确保消防所需的总水量。

消防水给水管网一般都采用环状管网。这样，可保证各消防栓内具有足够的压力。只有当储罐总量小于200m^3才采用枝状管网。向环状管网给水的干管不能少于2根而且当其中1根管发生故障停止供水时，其余干管应能保证消防总用水量。

在站内的消防给水支管应与生产、生活给水管道分开布置，单成系统，并且其管道的直径不能小于100mm。支管上应设有控制阀，阀前支管以0.003～0.005的坡度坡向给水干管。

(2) 消防栓

室外消防栓是室外消防供水设备之一。安装在地面上的称为地上消防栓，适用于气温较暖的地区，安装在地面以下的称为地下消防栓，适用于北方寒冷地区。地上消防栓目标明显，容易寻找，出水方便，但由于露于地面上容易损坏、冻结，妨碍交通。

地下消防栓便利交通，不易损坏和冻结，但不便于寻找，特别是雪天，雨天和夜间。

1) 消防栓的设计

地上消防栓有SS-150、SS-100、SS-65三种，其中SS-100有口径100mm出水口一个，供消防车取水用口径65mm的出水口两个，供连接水带，向罐灌水和直接灭火。SS-65仅有口径65mm和100mm出水口各一个。

国内消防栓种类较多，规格不一，构造和原理也不完全相同，使用时要加以区别。

消防栓应根据站区总平面图布置情况按就近保护对象的原则设置，其间距不应大于120m，并应设在路边目标明显的地方。消防栓保护半径不能超过150m。

2) 消防栓的使用

①打开消火栓门，按下内部火警按钮（按钮是报警和启动消防泵的）。

②一人接好枪头和水带奔向起火点。
③另一人接好水带和阀门口。
④逆时针打开阀门水喷出即可。注意：电起火要确定切断电源。
⑤用扳手打开地下消防栓的水袋口连接开关。
⑥将消防水带进行连接。
⑦用扳手打开地下消防栓的出水阀门开关。
⑧接连水带口及出水枪头。
⑨至少两人以上手拿喷水枪头，向火源喷水直到火熄为止。

3) 消防栓的保养

每月或重大节目前，都必须对消防栓进行一次检查和保养。

①地上消防栓检查保养的内容：消除启闭杆轴心头周围杂物，将钥匙扳头放于轴心头上，检查是否合适，转动启闭杆，加注润滑油。用油纱布擦除出水口螺纹上的积锈，检查阀盖内橡胶垫圈是否完整。打开消防栓，放净锈水后关紧，观察再无漏水现象，检查排水情况。消防栓附近不得有障碍物。

②地下消防栓检查保养内容：检查消防栓井盖是否完好，出水口是否完整无损，启闭杆是否灵活，必要时加注润滑油。清除井内垃圾、砂土等杂质。开启消防栓，放净锈水后关闭，检查是否严密，排水装置是否完好。消防栓及其周围不得有障碍物。冬季要采取保暖措施。保养过程中发现损坏应及时修复。为了便于寻找，应制作指示牌，安放在明显的地方。

4. 加气站内具有火灾和爆炸危险的建筑物应设置灭火器和其他简易消防器材。灭火器的选择、配置数量应符合国家现行规范《建筑灭火器配置设计规范》GB 50140—2005 的有关规定。加气站内电力装置设计应符合国家现行规范《爆炸危险环境电力装置设计规范》GB 50058—2014 的有关规定。站内按爆炸和火灾危险场所第二级释放源环境设计。

9.3 CNG 加气站防雷、防静电、防中毒措施

9.3.1 防雷措施

1. 基本措施

防雷的主要工作应在场站选址和设计中进行。防雷的方法主要有安装避雷针、避雷带、避雷线和避雷器，以及和它们相配套的引下线和接地装置。

避雷线和避雷器经常安装于输电线路中，防止由于雷电的感应，将过高的雷电感应电压引入供电系统而将供电系统损坏。避雷器有过电压自动击穿的功能，当雷电进入系统，电压升高时，它可自动击穿短路，使雷电通过避雷器形成的路径泄放，从而保护其他的用电设备。

2. 加气站防雷接地装置

工艺装置区、加气岛罩棚及站房的防雷措施按国家现行规范《建筑物防雷设计规范》GB 50057—2010、《汽车加油加气站设计与施工规范》GB 50156—2012 的要求设计。

(1) 站内若设置避雷针接地系统，应单独接地，接地电阻不大于 10Ω；装置区内压缩

机厂房、脱硫塔、加气柱、放散管管口等均在保护范围内。建筑物、加气罩棚采用局部避雷带、引下线等组成的防雷、防静电综合接地系统，接地电阻不大于4Ω。

（2）站区内各工艺装置、工艺管线均做防静电接地。静电接地网由综合接地网兼任，接地电阻不大于4Ω。

（3）站区各电气设备做总等电位联结。

9.3.2　静电的防护措施

1. 基本措施

在基本弄清了静电产生的原因和消失的方式后，针对它的这些规律提出减少摩擦起电、接地和增加空气湿度三种静电防护方法。

（1）减少摩擦起电

在传动装置中，减少皮带与其他传动件的打滑现象，在防静电特别严的场合，应将皮带传动改为金属链条传动，或直接传动，如必须用皮带，可用导电胶带做的皮带。限制可燃性液体和气体在管线中的流速，减速方法除了减小流动的压差外，还可适当增加管径。

（2）接地

接地是防静电最行之有效的办法之一。接地可使带电体上的静电荷通过接地装置迅速引入大地，从而消除静电荷的大量聚积，在易燃易爆场所如加油站、CNG加气站，凡能产生静电的金属容器、设备管线等，均应接地。凡是技术管组输送可燃气体的，可使用带金属屏蔽层的软管或导电橡胶做的软管并接地。子站拖车都应使用金属链条或导电橡胶带拖地运行，使汽车与空气摩擦产生的静电泄放到大地。

（3）增加空气湿度

当空气的相对湿度在65%~70%以上时物体表面往往形成一层极薄的水膜，使其表面电阻大大降低，静电就不容易聚积。如果空气相对湿度低于40%~50%时，则物体表面的静电不易逸散，就可能聚积成高电位。所以我国南方一些潮湿的地区的静电危害远小于北方和西北干燥地区。增加空气湿度的常有方法是向空中喷洒水雾，一般选用旋转式风扇喷雾器，在密闭较好的室内，也可用增湿机。除此之外，防静电还有空气电离法、土地降阻法、添加剂加入降阻法等。

2. CNG加气站防静电注意事项

CNG加气站的操作人员，除了应了解以上讲的静电产生、危害和消除方法外，还在日常工作中，注意以下几点：

（1）上班时穿戴防静电的劳保用品，除防静电工作服和工作鞋外，还应戴工作帽，穿纯棉内衣。

（2）不在易发生静电危害的场所做易产生静电的动作，如脱衣、梳头、在地上拖拉金属材料。

（3）在进入场区操作设备前，要用手触摸防静电接地球。

（4）给汽车加气前，必须先给汽车接上接地线使汽车静电泄放，再进行加气。

（5）在加气站内，不得用沾上汽油的棉纱擦金属底板和设备。

（6）在CNG加气站除配电室外，不得使用橡胶地垫做操作地垫，在易燃易爆场所不得使用易产生静电的人造革座椅。

9.3.3 H_2S 中毒防护

硫化氢（H_2S）是一种无色、剧毒、重于空气的气体。H_2S 是可燃气体，当空气中 H_2S 的含量为 4.3%～46% 时，如遇火便会爆炸。湿天然气中，当 H_2S 的含量大于 $20mg/m^3$ 时，会导致设备和管道的腐蚀。

为防止人身中毒，在生产中，不准将有毒气体任意排放。如因设备发生泄漏时，在操作与处理过程中要加强个人防护，站在上风处操作或戴好防毒面具。在容器与设备进行清扫和检修时，事先必须认真处理，通风排气。取样经化验分析合格后，方能进入工作。一旦发生中毒，应立即离开现场，到空气新鲜处，严重中毒者应立即送医院抢救治疗。

目前国内使用防毒面具主要有防毒口罩、过滤式防毒面具、供氧式防毒面具和长管式防毒面具。

（1）防毒口罩。主要适用于有氧蒸气、汽油、丙醇、苯类及衍生物、卤素有机化合物、硫化物等场所的防护。这种防毒口罩能保护人体呼吸道免受上述有毒气体侵害，保证人身安全。

（2）过滤式防毒面具。这种防毒面具由橡胶面罩、导气管、滤毒罐三部分组成。根据不同药剂的活性炭，又可分为各种型号滤毒罐。这种防毒面具应用最广，主要保护面部和呼吸器官不受毒物侵害，用于空气中含氧量大于 16% 和有毒气体小于 2% 的场合，否则不能起防护作用。

（3）供氧式防毒面具。在高浓度毒物的环境中工作时，最为方便可靠，此种防毒面具可供消除事故的急救工作人员使用。还用于某些工种作为工作人员的自救器。

（4）长管式防毒面具。主要是由面罩和长管组成。可用于任何种类和任何浓度下的有毒气体长时间使用。但是其活动范围较小，适用于槽车、储罐、地下井、容器等检修和清扫时使用。

10 CNG 场站风险辨识和应急处置措施

10.1 风险辨识

10.1.1 风险辨识与评价

风险识别是风险管理的第一步,也是风险管理的基础,指在风险事故发生之前,人们运用各种方法系统的、连续的认识所面临的各种风险以及分析风险事故发生的潜在原因,进而主动选择适当有效的方法进行的处理。

1. 危险源辨识内容

(1) 工作环境:包括周围环境、工程地质、地形、自然灾害、气象条件、资源交通、抢险救灾支持条件等。

(2) 平面布局:功能分区(生产、管理、辅助生产、生活区);高温、有害物质、噪声、辐射、易燃、易爆、危险品设施布置;建筑物、构筑物布置;风向、安全距离、卫生防护距离等。

(3) 运输路线:施工便道、各施工作业区、作业面、作业点的贯通道路以及与外界联系的交通路线等。

(4) 施工工序:物质特性(毒性、腐蚀性、燃爆性)、温度、压力、速度、作业及控制条件、事故及失控状态。

(5) 施工机具、设备:高温、低温、腐蚀、高压、振动、关键部位的备用设备、控制、操作、检修和故障、失误时的紧急异常情况;机械设备的运动部件和工件、操作条件、检修作业、误运转和误操作;电气设备的断电、触电、火灾、爆炸、误运转和误操作、静电、雷电。

(6) 危险性较大设备和高处作业设备:如提升、起重设备等。特殊装置、设备:锅炉房、危险品库房等。

(7) 有害作业部位:粉尘、毒物、噪声、振动、辐射、高温、低温等。

(8) 各种设施:管理设施(指挥机关等)、事故应急抢救设施(医院、卫生所等)、辅助生产、生活设施等。

(9) 劳动组织生理、心理因素和人机工程学因素等。

2. 危险源辨识方法

(1) 查阅有关资料、记录,获取危险源信息。

(2) 组织有经验的人询问、交谈、会议讨论,发现存在的危险源。

(3) 通过施工任务和现场环境分析辨识有关危险源。

(4) 运用已编制的安全检查表辨识存在的危险源。

(5) 获取外部信息,根据以往经验,对照本公司生产活动,发现危险源。

3. 风险评价方法

风险评价方法包括安全检查表法、事故事件树分析法、专家评议法、作业条件危险性评价法（LEC）、危害与可操作性分析法、作业安全分析法、安全等级评价法等。

作业条件危险性评价法是对具有潜在危险的环境中作业的危险性进行定性评价的一种方法，也是常用的风险评价方法。

对于一个具有潜在危险性的作业条件，影响危险性的主要因素有 3 个，用公式表示：

$$D = LEC$$

式中　D——作业条件的危险性；

　　　L——事故或危险事件发生的可能性；

　　　E——暴露于危险环境的频率；

　　　C——发生事故或危险事件的可能结果。

根据经验，分值在 20 以下是被认为低危险的，这样的危险是可接受的；分值在 20～70 之间定为一般危险，需要注意或要有措施；分值在 69～160 之间为有显著危险性，需要及时整改；总分在 159～320 之间为高度危险性，需要立即整改；分值在 320 定为极其危险，不能继续作业。

4. 风险的评价时态

作业过程中的风险因素评价要考虑三种时态（过去、现在、将来）、三种状态（正常、异常、紧急）情况下的风险，以及常规和非常规活动风险。其非常规活动包括：冬期、雨期抢工、夜间加班和外界提供的设施等。通过定量的评价方法，分析危害导致风险事件发生的可能性和后果以确定风险程度的大小。定量评价主要采用作业条件风险打分法。

5. 风险控制措施

消除、预防和减弱危险、危害因素的技术措施和管理措施是事故预防对策中非常重要的一个环节，实质上是保障整个生产过程安全的对策措施。

根据预防伤亡事故的原则，控制危险因素的基本对策如下：

(1) 实现机械化、自动化。

(2) 设置安全装置。

(3) 机械强度试验。

(4) 保证电气安全可靠。

(5) 按规定维护保养和检修机器设备保持工作场所合理布局。

(6) 配备个人防护用品。

10.1.2　CNG 场站风险辨识

1. 气体处理系统的危险性

(1) 气体处理系统主要包括调压、脱硫、脱水、干燥等工序，气体在处理过程中有可能出现阀门、法兰盘及焊缝处泄漏等现象。

(2) 由于工程设计考虑不周到、施工时埋下事故隐患或设备、管道、阀门等质量原因，造成气体泄漏形成爆炸性混合气体，遇火源发生爆炸和燃烧。

(3) 带有天然气的设备、管道、阀门等因为种种原因发生泄漏，其泄漏速度很快，若处置不及时、不得力，容易造成气体大量泄漏，大面积扩散，有发生重大火灾爆炸事故的危险。

(4) 由于操作、控制失误，使设备、管线内气压超过安全放散阀的额定工作压力，便会自动放散、排气，也具有爆炸燃烧危险。

(5) 站内有产生着火源的危险。站内气体处理系统的工艺管道，设备静电接地和防雷接地装置失效而产生的静电火花、雷电火花；电气设备和仪表因丧失防爆性能而产生电气火花；安全管理不严出现漏洞等都会产生着火源，从而引发火灾爆炸事故。

2. 气体压缩系统的危险性

气体压缩系统是天然气汽车加气站的核心部分，该系统主要是通过压缩机进行多级压缩，将天然气的压力提高至25MPa，然后通过管线送至储气设施。气体在压缩时，处于受压、受热状态，工艺管网易造成泄漏，遇火源就会发生火灾和爆炸。

当压缩机房的泄压面积不足，同时又没安装通风换气设施，可燃气体检测报警和强制通风设施，排气、紧急切断等设施时，一旦造成天然气聚集遇明火就会引发火灾、爆炸事故。

3. 气体储存系统的危险性

气体储存系统无论是哪种形式的储气系统都属于高压容器，因此，储气设备的质量问题就非常重要，储气设施基本都是钢质耐压型，由于受腐蚀或存在先天性缺陷，如制造工艺不能满足规定的技术要求，加上维修保养不善，安全管理措施不落实等因素，极易造成储气设施或零部件损坏，发生泄漏引起火灾和爆炸事故。地下储气井使用中出现的事故隐患主要是泄漏、井管爆裂和井口装置上窜或下沉。

(1) 泄漏

泄漏有两种情况：井口装置泄漏和井下泄漏。井口装置泄漏发生在井口封头与井管连接螺纹处和井口装置中的阀门、管件处，这类泄漏现象比较容易发现，也较容易处理，一般不致酿成严重后果。井下泄漏发生在井下，可通过储气井充满CNG后，井口压力表不能稳压而发现。问题在于很难弄清井下泄漏的确切泄漏位置，也就很难采取有效的补救措施。

(2) 井管爆裂

井管往往会因腐蚀、"氢脆"而发生爆裂。若固井质量良好，则爆裂后仅产生天然气的泄漏现象，否则将会导致整个储气井全部井管拔地腾空，十分危险。

(3) 筒体严重上串或下沉

一些储气井在使用过程中，出现井管慢慢地向上爬的现象，甚至出现处理一次后，又继续上爬的现象；有些储气井在使用一段时间后，出现气井有下沉的现象。对于上述两种情况，如不及时处理会造成连接管线破裂拉断，连接箍松动硬冲管事故，导致大量气体从井内喷出，其后果也是较为严重的。此种情况多数是由于气井质量不良所致。

4. 设备控制系统的危险性

设备控制系统主要是对加气站内各种设备实施手动或自动控制。因此，加气站内存在着潜在的点火源，各生产环节防静电接地不良，各种电器设备、电气线路不防爆接头封堵不良，在天然气稍有泄漏时就易发生火灾爆炸事故。

5. 售气系统的危险性

售气系统工作时，易产生静电，此外违章操作也容易造成安全事故，例如工作人员违章穿钉子鞋、化纤服也易造成事故。在加气时汽车不按照规定熄火加气，还有尤为常见的搭载乘客在车辆加气时吸烟的现象，都为 CNG 生产安全埋下了重大隐患。

（1）售气系统的管线进入含有微量油污和杂质的气体，造成电磁阀泄漏，由于某高、中或低压阀关闭不严，阀门损坏漏气，遇明火都会引起火灾爆炸事故。

（2）售气机接地线连接不牢或松动断开，电阻大于 10Ω，甚至无穷大，产生放电，遇泄漏的气体易发生火灾爆炸事故。

（3）加气员不按规定对加气车辆的储气瓶仪表、阀门管道进行安全检查，对使用期限内特别是对改装车辆加气前没有要求驾驶员打开车辆后盖，没有检查容器是否在使用期内以及贴有规定的标签。

（4）加气员不按规定，为无技术监督部门检验合格证的汽车储气瓶加气；为加气汽车储气瓶以外的燃气装置、气瓶加气。

（5）加气员在加气时没有观察流量，在加气过程中发生气体严重泄漏时，没有及时关闭车辆气瓶阀和现场紧急关闭按钮，没有把气体泄漏控制在最小范围内。

6. 压缩机危险性

（1）压缩机活塞环（胀圈）吸入活门，压出活门，填料由于气密不好，造成泄漏导致事故发生。

（2）活塞环的作用是使活塞两侧气体不互相泄漏，即不使活塞一侧的高压气体漏入另一侧。同时又不使活塞环与气缸的摩擦力太大。但往往活塞环并不十分气密，使活塞一侧加高压气体部分漏入另一侧，造成排气量减少，能力降低。摩擦损坏造成泄漏遇明火易产出燃烧爆炸。

（3）在压缩机的运行中，由于填料和活塞杆之间的摩擦或安装不严密，造成漏气，出现产生事故隐患。

（4）压缩机气缸的容积是恒定不变的，如要吸入的气体温度过高，则吸入气缸内的气体密度减少，即重量减轻，在炎热的夏天，此种情况更为突出，加之如果冷却系统温度及高压警报系统失灵，则易造成燃烧爆炸事故。

7. 管道、阀门、电器设备危险性

（1）压缩系统管道、阀门、仪表、安全阀平时缺少维护保养，压力超过管道设备能够承受的强度；设备管道及配件等在运行中由于腐蚀、疲劳损伤等因素，强度降低，承受能力降低，而发生炸裂和接头松脱；产生泄漏，遇明火高温易发生火灾、爆炸事故。

（2）压缩系统电气设备在运行中出现故障，电线接头氧化松动，电气设备封闭不严，金属碰撞产生火花，均能够导致火灾、爆炸事故的发生。

8. 输气管道的腐蚀危害

输气管道多由金属材料制成，当钢管的管壁与作为电解质的土壤和水接触时，产生电化学反应，使阳极区的金属离子不断电离而受到腐蚀，即为电化学腐蚀。管道的腐蚀是人们普遍关心的课题，由于腐蚀大大缩短了管道的寿命，降低了管道的输气能力，引起意外事故的发生，给生产管理带来很多麻烦和造成巨大的经济损失。

天然气输气管道腐蚀的类型主要是：按腐蚀部位可分为内壁腐蚀和外壁腐蚀；按腐蚀机理可分为化学腐蚀和电化学腐蚀。

天然气输气管道中所含的 H_2S 或 CO_2 等杂质与金属管壁作用所引起的为化学腐蚀。

在管道低洼积水处,气液交界面的部位,是管线易于起爆和穿孔的部位,电化学腐蚀最为强烈。外壁腐蚀的情况比较复杂,视管道所处的环境具体分析。架空管道易受大气腐蚀,埋地管道易受土壤、细菌的杂散电流腐蚀。

9. 变配电系统危害

加气站变配电系统危险、危害因素分为两类:一类是自然灾害,如雷击;另一类是电气设备本身和运行过程中不安全因素导致的危险、危害,主要有触电、火灾、爆炸等。

(1) 触电危险:加气站配电设备、设施在生产运行中由于产品质量不佳,绝缘性能不好;现场环境恶劣(高温、潮湿、腐蚀、振动)、运行不当、机械损伤、维修不善导致绝缘老化破损;设计不合理、安装工艺不规范、各种电气安全净距离不够。

安全措施和安全技术措施不完备、违章操作、保护失灵等原因,若人体不慎触及带电体或过分靠近带电部分,都有可能发生电击、电灼伤的触电危险。特别是高压设备和线路,因其电压值高,电场强度大,触电的潜在危险更大。

(2) 火灾、爆炸危险:各种配电装置、电气设备、电器、照明设施、电缆、电气线路等,如果安装不当、外部火源移近、运行中正常的闭合与分断、不正常运行的过负荷、短路、过电压、接地故障、接触不良等,均可产生电气火花、电弧或者过热,若防护不当,可能发生电气火灾或引燃周围的可燃物质,造成火灾事故;在有过载电流流过时,还可能使导线(含母线、开关)过热,金属迅速气化而引起爆炸;充油电气设备(油浸电力变压器、电压互感器等)火灾危险性更大,还有可能引起爆炸。

10. 加气站天然气泄漏危害

加气站内工艺过程由于大部分工艺设备处于高压状态,工艺设备容易造成泄漏,气体外泄可能发生地点很多,管道焊缝、阀门、法兰盘、压缩机、干燥器、回收罐、过滤器等都有可能发生泄漏;当压缩天然气管道被拉脱或加、运气车辆意外失控而撞毁加气柱时会造成天然气大量泄漏。泄漏气体一旦遇引火源,就会发生火灾和爆炸。

(1) 加气站泄漏的主要设备

根据加气站使用设备的实际情况分析认为,加气站易发生泄漏的设备主要有以下几类:

1) 输气管道:包括管道、法兰和接头。

2) 挠性连接器:包括软管、波纹管等,其典型泄漏情况为连接器本体破裂泄漏、接头处泄漏、连接装置损坏泄漏。

3) 过滤器:由过滤器本体、管道、滤网等组成。

4) 阀门:典型泄漏情况为阀壳体泄漏、阀壳泄漏、阀杆损坏泄漏。

5) 压力容器:加气站压力容器主要有储气井、缓冲罐、回收罐和容器等。此类容器泄漏的情况主要为容器破裂而泄漏、容器本体泄漏、孔盖泄漏、喷嘴断裂而泄漏、仪表管路破裂泄漏、容器内部爆炸等。

6) 压缩机:典型泄漏情况为压缩机壳损坏而泄漏、压缩机密封套泄漏。

7) 放散管:放散管泄漏主要发生在简体部位。

(2) 造成泄漏的原因

从人—机系统来考虑造成各种泄漏事故的原因主要有四类。

1) 设计失误
①基础设计错误，如地基下沉，造成容器底部产生裂缝，或设备变形、错位等；
②选材不当，如强度不够，耐腐蚀性差、规格不符等；
③布置不合理，如压缩机和输出管没有弹性连接，因振动而使管道破裂；
④选用的机械不合适，如转速过高、耐温、耐压性能差等；
⑤储气井未加放散管等。

2) 设备原因
①加工不符合要求，或未经检验擅自采用代用材料；
②加工质量差，特别是不具有操作证的焊工焊接质量差；
③施工和安装精度不高，如泵和电机不同轴、机械设备不平衡、管道连接不严密等；
④选用的标准定型产品质量不合格；
⑤对安装的设备没有按《机械设备安装工程施工及验收通用规范》GB 50231—2009进行验收；
⑥设备长期使用后未按规定检修期进行检修，或检修质量差造成泄漏；
⑦计测仪表未定期校验，造成计量不准；
⑧阀门损坏或开关泄漏，又未及时更换；
⑨设备附件质量差，或长期使用后材料变质、腐蚀或破裂等。

3) 管理原因
①没有制定完善的安全操作规程；
②对安全漠不关心，已发现的问题不及时解决；
③没有严格执行监督检查制度；
④指挥错误，甚至违章指挥；
⑤让未经培训的工人上岗，知识不足，不能判断错误；
⑥检修制度不严，没有及时检修已出现故障的设备，使设备带病运转。

4) 人为失误
①误操作，违反操作规程；
②判断错误，如记错阀门位置而开错阀门；
③擅自脱岗；
④思想不集中；
⑤发现异常现象不知如何处理。

11. 车辆伤害危险

车辆伤害危险主要指站内加气车辆和其他机动车辆在行驶中引起的碰撞、挤压等车辆伤害事故。

12. 噪声危害

压缩天然气加气站的噪声主要来自天然气压缩机。噪声对人体的危害主要是引起噪声性耳聋，长期接触强烈的噪声，还能引起各种病患，使人产生头痛、脑涨、昏晕、耳鸣、多梦、失眠、心慌意乱以及全身疲乏无力等症状，噪声干扰影响信息交流，听不清谈话或信号，促使误操作发生率上升容易造成工伤事故，影响安全生产。

13. 高温、低温危害

高温作业人员受环境热负荷的影响,作业能力随温度升高而明显下降。高温时,人的反应速度、运算能力、感觉敏感性及感觉动作协调功能都明显下降,从而使劳动效率降低,操作失误率增高。高温环境还会引起中暑。

低温作业人员受环境影响,操作功能随温度的下降而明显下降。冷暴露,即使未致体温过低,对脑功能也有一定影响,使注意力不集中,反应时间延长,作业失误率增多,对心血管系统、呼吸系统也有一定影响。低温环境还会引起冻伤、体温降低易造成不安全事故的发生。

14. 压力容器爆炸的主要危害

(1) 碎片的破碎危害。高速喷出的气体的反作用力把壳体向破裂的相反方向推出。有些壳体则可能裂成碎块或碎片向四周飞散而造成危害。

(2) 冲击波危害。容器破裂时的能量除了部分消耗于将容器进一步撕裂将容器或碎片抛出外,大部分产生冲击波,冲击波可将建筑物摧毁,使设备、管道遭到严重破坏,所处的门窗玻璃破碎。冲击波与碎片的危害一样可导致周围人员伤亡。

(3) 有毒介质的毒害。盛装有毒介质的容器破裂时,会酿成大面积的毒害。

(4) 可燃介质的燃烧及二次空间爆炸危害。盛装可燃气体的容器破裂后,可燃气体与空气混合,遇到触发能量(火种、静电等)在容器外发生燃烧、爆炸、酿成火灾事故。其中可燃气体在容器外的空间爆炸,其危害更为严重。

15. 其他危险、有害因素

(1) 行为性危险、有害因素。加气站的行为性危险、有害因素主要是人的不安全行为,如:携带烟火、使用手机、穿戴极易产生静电的衣物、领导指挥错误、操作人员操作失误和监护失误以及其他人员的不安全行为,均可能导致事故,造成人员伤害和财产损失。

(2) 环境的危险、有害因素。加气站的周边环境与加气站的安全运营有着密切的关系,商业性汽车加气站绝大多数建立在车辆来往频繁的交通干道之侧,周围环境较复杂,受外部点火源的威胁较大,如站区围墙外闲杂人员焚烧物品的飞火,孩童放炮玩火的飞溅火花,频繁出入的车辆,外来人员携带火种,在站区内吸烟,汽车不熄火加气以及使用手机等均可能危及加气站的安全。

10.2 应急预案

应急预案指面对突发事件如自然灾害、重特大事故、环境公害及人为破坏的应急管理、指挥、救援计划等。它一般应建立在综合防灾规划上。其几大重要子系统为:完善的应急组织管理指挥系统;强有力的应急工程救援保障体系;综合协调、应对自如的相互支持系统;充分备灾的保障供应体系;体现综合救援的应急队伍等。

10.2.1 应急预案的分类

(1) 应急行动指南或检查表

针对已辨识的危险制定应采取的特定的应急行动。指南简要描述应急行动必须遵从的基本程序,如发生情况向谁报告,报告什么信息,采取哪些应急措施。这种应急预案主要起提示作用，对相关人员要进行培训，有时将这种预案作为其他类型应急预案的补充。

（2）应急响应预案

针对现场每项设施和场所可能发生的事故情况，编制的应急响应预案。应急响应预案要包括所有可能的危险状况，明确有关人员在紧急状况下的职责。这类预案仅说明处理紧急事务的必需的行动，不包括事前要求（如培训、演练等）和事后措施。

（3）互助应急预案

相邻企业为在事故应急处理中共享资源，相互帮助制定的应急预案。这类预案适合于资源有限的中、小企业以及高风险的大企业，需要高效的协调管理。

（4）应急管理预案

应急管理预案是综合性的事故应急预案，这类预案详细描述事故前、事故过程中和事故后何人做何事、什么时候做、如何做。这类预案要明确制定每一项职责的具体实施程序。应急管理预案包括事故应急的4个逻辑步骤：预防、预备、响应、恢复。

10.2.2 应急预案体系构成

应急预案应形成体系，针对各级各类可能发生的事故和所有危险源制定专项应急预案和现场处置方案，并明确事前、事发、事中、事后的各个过程中相关部门和有关人员的职责。生产规模小、危险因素少的生产经营单位，综合应急预案和专项应急预案可以合并编写。

（1）综合应急预案

综合应急预案是生产经营单位应急预案体系的总纲，主要从总体上阐述事故的应急工作原则，包括生产经营单位的应急组织机构及职责、应急预案体系、事故风险描述、预警及信息报告、应急响应、保障措施、应急预案管理等内容。

（2）专项应急预案

专项应急预案是针对具体的事故类别（如煤矿瓦斯爆炸、危险化学品泄漏等事故）、危险源和应急保障而制定的计划或方案，是综合应急预案的组成部分，应按照应急预案的程序和要求组织制定，并作为综合应急预案的附件。专项应急预案应制定明确的救援程序和具体的应急救援措施。

（3）现场处置预案

现场处置方案是针对具体的装置、场所或设施、岗位所制定的应急处置措施。现场处置方案应具体、简单、针对性强。现场处置方案应根据风险评估及危险性控制措施逐一编制，做到事故相关人员应知应会，熟练掌握，并通过应急演练，做到迅速反应、正确处置。

10.2.3 应急预案的主要内容及演练

1. 应急预案的主要内容

（1）基本情况。

（2）危险目标及其危险特性、对周围的影响。

（3）危险目标周围可利用的安全、消防、个体防护的设备、器材及其分布。

（4）应急救援组织机构、组织人员和职责划分。

(5) 报警、通信联络方式。

(6) 事故发生后应采取的处理措施。

(7) 人员紧急疏散、撤离。

(8) 危险区的隔离。

(9) 检测、抢险、救援及控制措施。

(10) 受伤人员现场救护、救治与医院救治。

(11) 现场保护。

(12) 应急救援保障。

(13) 预案分级响应条件。

(14) 事故应急预案终止程序。

(15) 应急培训和应急救援预案演练计划。

2. 应急演练

应急演练是在事先虚拟的事件（事故）条件下，应急指挥体系中各个组成部门、单位或群体的人员针对假设的特定情况执行实际突发事件发生时各自职责和任务的排练活动，简单地讲就是一种模拟突发事件发生的应对演习，应急预案应定期进行演练，每年不得少于1次。

(1) 应急演练的目的

应急演练的目的是检验预案、完善准备、锻炼队伍、磨合机制、科普宣教。

1) 检验预案。通过开展应急演练，查找应急预案中存在的问题，进而完善应急预案，提高应急预案的实用性和可操作性。

2) 完善准备。通过开展应急演练，检查应对突发事件所需应急队伍、物资、装备、技术等方面的准备情况，发现不足及时予以调整补充，做好应急准备工作。

3) 锻炼队伍。通过开展应急演练，增强演练组织单位、参与单位和人员等对应急预案的熟悉程度，提高其应急处置能力。

4) 磨合机制。通过开展应急演练，进一步明确相关单位和人员的职责任务，理顺工作关系，完善应急机制。

5) 科普宣教。通过开展应急演练，普及应急知识，提高公众风险防范意识和自救互救等灾害应对能力。

(2) 应急、演练的分类

按组织形式划分，应急演练可分为桌面演练和实战演练。

桌面演练是指参演人员利用地图、沙盘、流程图、计算机模拟、视频会议等辅助手段，针对事先假定的演练情景，讨论和推演应急决策及现场处置的过程，从而促进相关人员掌握应急预案中所规定的职责和程序，提高指挥决策和协同配合能力。桌面演练通常在室内完成。

实战演练是指参演人员利用应急处置涉及的设备和物资，针对事先设置的突发事件情景及其后续的发展情景，通过实际决策、行动和操作，完成真实应急响应的过程，从而检验和提高相关人员的临场组织指挥、队伍调动、应急处置技能和后勤保障等应急能力。实战演练通常要在特定场所完成。

(3) 演练评估

演练评估是在全面分析演练记录及相关资料的基础上，对比参演人员表现与演练目标要求，对演练活动及其组织过程作出客观评价，并编写演练评估报告的过程。所有应急演练活动都应进行演练评估。

演练结束后可通过组织评估会议、填写演练评价表和对参演人员进行访谈等方式，也可要求参演单位提供自我评估总结材料，进一步收集演练组织实施的情况。

演练评估报告的主要内容一般包括演练执行情况、预案的合理性与可操作性、应急指挥人员的指挥协调能力、参演人员的处置能力、演练所用设备装备的适用性、演练目标的实现情况、演练的成本效益分析、对完善预案的建议等。

10.3　CNG 场站应急处置措施

CNG 加气站出现突发事故时，操作人员应具备应急处置的能力，本节主要介绍加气站突发事件处理措施、人员分工以及应急设备三方面内容，使操作人员掌握应急处置的措施。

10.3.1　突发事件处理措施

加气站站区是易燃易爆的防火生产场所，极易发生突发事件，为切实搞好安全生产，要杜绝或尽量减少突发事件的发生。若发生突发事件，就会造成不同程度的人员伤亡和国家、集体、个人的财产损失。以下是加气站突发事件应急处理措施。

1. 一般突发事件处理措施

（1）加气站出现突发事件，当班人员应首先及时实施"三停"。一是停业，立即停止压缩机及其他运转设备的工作，十分紧急情况下拉总闸，实施停止压缩设备的运行。二是停止充装气，立即停止对车辆的充装并迅速疏散冲汽车辆以及非生产人员。三是停电，在配电间切断总电源。

（2）立即切断通向事故现场的气源，关闭通往加气站的气源总阀门。

（3）涉及储气设施的突发事件，在加气站安全的情况下，可采取三组气瓶分别卸压，直到卸完。

（4）立即拨打"119"报火警，同时保护好现场，设置警戒线，防止无关人员进入事故现场。

（5）迅速向部门领导和有关安全、设备、维修等相关人员通报，并寻求自救措施，尽职尽责，保护国家和集体财产。

2. 加气过程中的意外事件处理程序

（1）加气机在充装过程中出现跑气、漏气时的处理方法：

1）关闭加气机总气阀门。

2）关闭车内气瓶阀门。

3）排空高压软管内气体。

4）检查充气头是否接触良好。

5）检查高压软管是否有破损。

（2）充气高压软管如有跑气现象时的处理方法：

加气机在充装过程中出现跑气、漏气的处理程序后,交维修工及时更换。

(3) 当加气机的压力不高于 12MPa 或不低于 20MPa 时,通知压缩机房进行压力调节。

(4) 其他事件根据"三停"原则(停气、停机、停电)作相关处理。

3. 压缩机房天然气浓度超标的处理程序

当压缩机房可燃气体报警装置发出报警信号,表明压缩机房甲烷气体浓度超标,易引发燃烧、爆炸和人员中毒事件,此时应作如下处理:

(1) 立即实施"三停"。

(2) 打开所有通风设施、设备。

(3) 加强现场警戒,杜绝着火源的存在。

(4) 通知维修人员进行泄漏点的排查,及时处理设备故障。

(5) 故障被排除后经确认方能恢复生产。

4. H_2S 含量超标报警时的处理程序

当在线检测仪发出报警时,表明该脱硫塔脱出的天然气中 H_2S 含量超标,易腐蚀压缩机组件和气瓶。此时应作以下处理:

(1) 立即实施"三停"。

(2) 关闭该脱硫塔的进、排气阀,打开该塔的排空阀。注意塔内压力表和温度的变化情况。

(3) 打开备用塔的进、排气阀,注意观察压力表和温度表的变化有无异常。

(4) 按工艺流程的技术要求对所发生超标脱硫塔内的脱硫剂进行切换或更换。

(5) 对气体进行在线检测合格后,开启压缩机。

(6) 若发生加气塔管线或塔体漏气,也应按上述步骤进行处理。若只有单塔,则必须关闭总气源。

5. 管束车突发事件的处理程序

(1) 管束车跑气、漏气时的处理方法

1) 停止加气,关闭压缩机。

2) 切断加气截断阀和拖车进气总阀。

3) 检查泄漏点并做记录。

4) 关闭其他气瓶进气阀,放空后卸下进气软管。

5) 通知值班安全员,做好火灾预防、扑救准备。

6) 将管束车拖车拖出加气站站外安全区域,派专人值守,设置警戒线和警示牌。

7) 及时上报上级主管部门并通知专业维修人员处理。

(2) 非作业管束车防爆片爆破的处理方法

1) 疏散 50m 内所有非应急救援人员。

2) 切断瓶组进气阀、连接静电接地线。

3) 做好火灾预防、扑救准备。

4) 检查泄漏瓶组。

5) 将管束车移至加气站站外安全区域,派专人值守,设置警戒线和警示牌。

6) 及时上报上级主管部门并通知专业维修人员处理。

(3) 作业管束车防爆片爆破的处理方法
1) 停止加气,关闭压缩机。
2) 关闭加气机截断阀及管束车进气总阀。
3) 关闭该充装气瓶进气阀及其他瓶组阀。
4) 放空泄压,卸下加气软管。
5) 检查爆破瓶组。
6) 将管束车移至加气站站外安全区域,派专人值守,设置警戒线和警示牌。
7) 及时上报上级主管部门并通知专业维修人员处理。
(4) 管束车支脚故障处理
1) 管束车支脚故障,管束车倒塌或倾斜处理方法:
①设置警戒区域,阻止非应急救援人员靠近。
②检查气瓶组是否漏气。
③用枕木及千斤顶顶在支脚故障一侧,将槽车固定。
④做好火灾预防、扑救准备。
⑤报告上级主管部门施救。
2) 管束车倒塌或倾斜引发跑气、漏气的处理方法:
①设置警戒区域,阻止非应急救援人员靠近。
②检查出泄漏点并做出标记。
③停止加气,关闭压缩机。
④切断加气截断阀和拖车进气总阀。
⑤关闭其他气瓶进气阀,放空后卸下进气软管。
⑥用枕木及千斤顶在支脚故障一侧将槽车固定。
⑦做好火灾预防、扑救准备。
⑧报告上级主管部门施救。

6. 被车辆撞伤的处理程序
(1) 急救原则:先抢救,后包扎固定,再送医院。
(2) 抢救前先使伤员安静躺平。
(3) 外部出血应立即采取止血措施,防止因出血过多而休克。
(4) 外观无伤,但呈休克状态,要考虑腹部内脏或脑部受伤的可能性,防止受伤人员被移动,应立即报警救护、送医院治疗。

7. 外线停电的处理程序
(1) 如造成加气机泵数码消失,向顾客表示歉意并说明原因,向加气站经理汇报情况,与顾客协商确定已加数量,并根据双方一致意见进行处理。
(2) 当夜间停电时,立即启动自动紧急照明灯。
(3) 及时启动发电机供电。

8. 突发触电事件应急处置方案
场站触电突发事件应急处置方案包括断电、处置、报告、警戒、检测、恢复。
(1) 断电:事故发生后,应该尽快地将电源全部切断,防止事态进一步扩大。
(2) 处置:事故发生后,应及时拨打"120"电话,并在能力范围内第一时间救护伤员,将伤员撤离到安全位置并进行人工呼吸、心肺复苏等急救。

(3) 报告:事故发生第一时间,值班人员应该拨打上级调度电话,说明事故发生地点、事故具体情况、报警人姓名、电话、人员伤亡、现场险情等情况。

(4) 警戒:立即组织设置警示架、隔离带,夜间需设置警示灯,在隔离区严禁无关人员进入。

(5) 检测:检查事故发生区用电设备、线路,查找漏电点。

(6) 恢复:对漏电事故现场处置,恢复生产。

9. 高压地下储气井发生泄漏处理方案

(1) 手动停压缩机。

(2) 关闭该储气井管进出口截止阀。

(3) 停止对外加气,储气区设置隔离带,控制现场秩序,及时有效的疏散加气车辆和现场人员。

10. 火灾应急处理程序

加气现场发生火灾后,应采取积极主动的方法,就地取用消防器材灭火。如火势蔓延,在采取有效防范措施的同时,尽快向消防部门报警。

(1) 人员衣服起火时的处理程序

1) 立即令其躺倒,用干粉灭火器扑灭其身上的火(注意不要向对方的面部喷射);或者用毛毯、大衣裹紧其身体以灭火,注意包裹时要从距离头部最近的地方开始包裹。

2) 火焰熄灭后,用干净的凉水浸湿被火烧伤的部位。打电话叫救护车。

(2) 车辆起火时的处理程序

1) 在保证安全的前提下,将起火的车辆退出加气站站外。

2) 如果火势较小,试着用灭火器灭火。

3) 如果车辆发动机枪内起火,则应松开汽车发动机机罩钩,并用灭火器透过机罩周边的缝隙向发动机内喷射干粉以灭火。

4) 火焰熄灭之前,绝对不要抬起汽车发动机机罩。

5) 如果无法扑灭火焰,则应封锁起火区域,关闭所有加气机,等待消防队到来进行灭火。

(3) 较小火灾的处理程序

1) 加气机发生初起火灾,但火势小,可以用灭火器自行扑火。

2) 按下紧急电源开关,并尽量关闭所有气泵电源、所有气管阀门。如果加气站无紧急电源开关,则需关闭电源总闸。

3) 组织员工灭火扑救,监视火势蔓延情况。

4) 禁止任何车辆、人员进入加气站,直至情况受到有效控制为止。

5) 如无法控制火势,应立即打"119"报警。

6) 收银员坚守岗位(首先要确定自己处于安全状态),清点、整理现金并将现金放入保险柜锁好。

7) 报告上级主管部门。

(4) 较大火灾的处理程序

1) 加气站发生火灾,但火势大,无法自行扑灭。

2) 按下紧急电源按钮，如有可能，切断电源总开关、气管阀门及加气机安全切断阀。

3) 用消防水枪远距离控制火势，无法控制时，撤离现场。

4) 应立即打"119"报警（讲清起火单位、所在地区、街道、门牌号码、起火部位、着火物质、火势大小、自己的姓名及电话号码）。

5) 财务人员、收银员在情况许可下，将现金放入保险柜锁好。

6) 禁止任何车辆、人员进入加气站。

7) 负责疏散现场的人群、车辆。

8) 等候、引导消防车进场灭火。

9) 通知区域经理及公司紧急事故中心。

（5）发生自燃灾害时的应急处理程序

1) 台风发生时，加气站操作工应停止加气，不要外出活动，应在建筑物最稳固的地方避险，并随时留意气象台发布的台风情况。

2) 地震发生时，加气站操作工应尽量不要留在罩棚下面，保持头脑清醒。采取果断的措施，在就近空旷处躲避，直到险情解除。

3) 发生水灾时，加气站操作工要积极协助站内负责人，立即切断加气站总电源，停止营业。同时对可能进水的部位进行密封，将贵重或易坏物品和化学品放在洪水淹不到的地方，做好安全防范工作。

10.3.2 人员分工

一旦出现事故，加气站全体人员应投入抢救，若事故失控，所有人员马上离开现场，在安全的地方等待消防人员的到来。根据加气站的工艺及管理情况大致可作以下分工：

（1）值班班长。负责报警和对事故的处理，轻微事故在安全地带上报分公司值班人员或报告总公司客服调度，同时说明地点、时间、事故的具体情况；重大事故在安全地带直接拨打"119"，然后报告分公司值班人员或总公司客服调度，同时说明地点、时间、事故的具体情况。

（2）运行工。负责断气源、断电源，然后在保证人身安全的前提下一同抢修或灭火。

（3）加气工。重大事故发生时，立即停止所有加气工作，让一切车辆熄火，并组织所有现场人员撤离到安全地带。重大事故发生时迅速取来灭火器进行灭火。在加气站进出口放置警示标志。

10.3.3 应急物资与应急设备

1. 应急物质

应急物资包括警示标牌、手持喇叭、紧急物资箱，物资箱内含消防钩、消防桶、消防锹、石棉被、氧呼吸器、强光防爆手电，物品具体数量根据相关规范确定。

伤害急救设备中急救箱包括纱布、外伤创伤药品、三角巾、血压计、酒精等、个体防护设备包括安全帽、防静电服装、防静电鞋、护眼镜、棉手套、防毒面具、救生衣等。

2. 加气站几种应急设备

（1）电源总阀：紧急情况下应立即到配电室关闭电源总阀。

（2）气源总阀：紧急情况下应立即关闭总气源阀和储气阀。

（3）灭火工具：主要有手提式和推车式干粉灭火器、消防砂、消防锹、消防桶、灭火毯、防毒面具、消防泵、消防水枪、消防水带。

（4）破除障碍的工具：消防斧、消防钩。

（5）防漏检测工具：可燃气体检测仪。

（6）照明设备：防爆手电、应急灯。

（7）应急通信设备包括防爆对讲机、固定电话等。

附 件

（附件1）

交接班记录（样本）

场站名称：　　　　　　　　　　　　　　　　　　　　　　　　　　年　月　日

交班时间	时　分	交班班长签名		班次	
接班时间	时　分	接班班长签名		班次	

接班人员签名：

缺勤人员及原因：

当班情况说明	

交班设备状况	工艺管线附件	
	储罐区设备	
	加气区设备	
	配电设备	
	自控仪表设备	
	仪表风系统	
	空压机排凝	
	工器具	
	办公室设施	
	消防设施	
	环境卫生	

备　注	

(附件 2)

安全生产例会记录（样本）

会议日期：	会议地点：
主持人：	会议时间：

参加人员签到：

会议内容：

记录人签字		站长签字	

(附件3)

安全检查细则（样本）

检查人： 　　　　　　　　　　　　　　　　　　　　　　站长签字：

检查项目		检查内容	结论
加气机	加气机	1. 加气机排污阀、流量计、拉断阀、加气枪头、软管等接头部位无泄漏现象	
		2. 接线盒的紧固螺栓无松动，能保证电器密封可靠	
		3. 压力表显示正常，并在定检期内	
罩棚	罩棚	罩棚无破损漏雨现象	
	照明	1. 防护罩无破损	
		2. 灯具无不亮现象	
橇体	橇体框架	1. 无油渍、锈蚀，基础无沉降	
		2. 橇体内外防爆照明灯无破损、不亮现象	
		3. 橇体内外压力表灵敏可靠，并在定检期内	
	液体储罐	1. 液位计清晰、灵敏，指示正确	
		2. 储罐排污阀等各部位无泄漏现象	
	增压系统	1. 防爆电机、高压泵运转声音、温度、电流等正常，各密封部位无渗漏现象	
		2. 高压管件等接头部位无泄漏	
	缓冲罐	1. 安全阀、缓冲气瓶在规定的有效期内	
		2. 排污阀无泄漏现象	
	液体介质	介质油透明且无明显大颗粒物质	
拖车	瓶式压力容器	1. 外观无损坏、锈蚀	
		2. 检查端塞与容器连接面无泄漏现象	
	操作仓	1. 管件各连接以及焊接处无泄漏	
		2. 安全爆破装置无泄漏	
		3. 快装接头装卸灵活、密封可靠、无泄漏	
		4. 阀门手柄以及各连接处无泄漏	
		5. 阀门无内漏现象	
		6. 排气阀门灵敏、可靠。致密性好，无泄漏	
		7. 压力表灵敏、可靠，并在定检期内，连接处无泄漏	
		8. 高压软管无凹凸、破裂、折痕、老化，无泄漏现象	

续表

检查项目	检查内容	结论
空压机	1. 机器运转声音正常,各密封部位无渗漏现象	
	2. 排水、排污情况正常	
	3. 机身清洁,操作环境符合规范	
	4. 洁净气源设备运行正常	
控制柜	1. PLC界面显示正常	
	2. 安全报警系统运行正常	
配电柜	1. 柜内电气元件无积尘	
	2. 各种开关、熔断器的接点牢固,无过热变色现象	
	3. 保护接地线和接地螺栓的连接牢固可靠	
燃气报警器	灵敏、可靠,并在定检期内	
灭火器 灭火毯	1. 灭火器压力合格,无损坏	
	2. 灭火器放置地点规范、合理	
	3. 灭火毯齐全、无破损	
现场	1. 站内员工按规定着装	
	2. 无给未熄火车辆加气现象	
	3. 加气车辆秩序良好	
	4. 操作规程执行情况	
环境	1. 无因泄漏而造成污染	
	2. 室内物品摆放整齐,环境卫生清洁	
	3. 设备保养到位、无油渍	
存在的问题及处理情况记录		

(附件 4)

CNG 充装检查记录（样本）

班组：   日期：

时间	枪号	车号	钢瓶号	充装前检查			充装记录						充后检查		检查员
				压力（MPa）	有无异常	处理意见	介质	数量	温度（℃）	压力（MPa）	有无异常	充装时间（min）	充装员	有无异常	处理意见	

(附件5)

拖车记录（样本）

班次：

日期	进站时间	拖车编号	接车操作人	入库量	换车时间	加气机						出站时间	卸气量	供销差	换车操作人
						×号	×号	×号	×号	×号	×号				

(附件6)

CNG设备运行记录(适用于压缩机子站)(样本)

班次: 年 月 日

时间	卸气压力(MPa)	油压(MPa)	水压(MPa)	一级进气压力(MPa)	一级排气压力(MPa)	终级排气压力(MPa)	一级排气温度		二级排气温度		回收罐压力(MPa)	高压储气瓶压力(MPa)	中压储气瓶压力(MPa)	监控设备	站控系统	异常声响	是否泄漏	消防设施	巡检人
							A缸(℃)	B缸(℃)	A缸(℃)	B缸(℃)									

备注说明:1. 设备(设施)正常标记√;2. 设备(设施)故障标记×;3. 每一小时至少巡检并记录一次;4. 如实填写设备显示数据

(附件 7)

设备检修维护记录（样本）

日　期		维修人员	
设备名称		投用日期	
型号规格		生产厂家	
检修内容			
定期保养内容			
更换配件情况			
备注			
维修记录人签字		验收签字	

使用说明：用于 CNG、LNG、油气合建站设备维修和保养记录。

(附件 8)

现金投币记录（样本）

时间	班组	白/夜	投币金额	核对金额	投币人	监督人	备注

备注：1. 本表只用于直接收取现金的 CNG、油气混合销售款项登记；
   2. 收取现金，每投币一次登记一次，每班次结出合计金额

(附件9)

来访人员登记表（样本）

进站须知	来访人		人数	
1. 站内严禁吸烟、使用明火及携带易爆物品。 2. 进站必须关闭手机等非防爆通信工具。 3. 严禁穿钉鞋入站，进站区须穿戴防静电服装、戴好安全帽，由站内工作人员引导入站。 4. 禁止操作站区内的设备、设施。 5. 进站车辆必须接受监督检查，禁止在加气区检修汽车。 6. 未经批准，站内禁止拍照和录像。 7. 出现异常情况及时与工作人员联系，服从工作人员指挥，按逃生路线迅速撤离。 为了保障您的安全，请认真听取安全员讲解，仔细填写来访登记表，并承诺遵守以上进站安全须知	单位：			
	事由：			
	以下由本站人员填写			
	进站时间		出站时间	
	讲解人		批准人	

(附件 10)

安全活动记录（样本）

时间：	地点：
组织人：	记录人：

参加人员：

活动内容：

(附件11)

员工培训记录(样本)

培训时间		培训地点	
培训项目		组织单位	
参加人员			
培训主要内容			
考核结果和成绩			

授课老师签字:

(附件 12)

应急预案演练记录（样本）

演练时间		演练地点	
参加人数		指挥人	
协助单位			

参加人员（签字）：

演练内容：

演练过程：

演练总结：

(附件 13)

三级安全教育培训记录（样本）

新员工姓名	性别	岗位	入职日期

一、公司级培训

序号	培训内容事项	完成课时	完成日期
1	公司概况、组织架构、企业文化		
2	人事管理、财务制度、办公管理、生产管理、行为规范等各类管理制度和规定		
3	安全培训：国家安全法规、公司安全制度、安全消防知识、特种作业人员须持证上岗的要求等、天然气基本知识、事故案例等		
4	培训评价		

二、部门级培训

序号	培训内容	完成课时	完成日期
1	部门概况、组织机构、部门职责		
2	行为规范、岗位职责、安全制度		
3	部门管理制度、考核制度等		
4	设备知识和设备操作要求		
5	培训评价		

三、岗位级培训

序号	培训时间	完成课时	完成日期
1	加气站内部管理规范		
2	加气站作业指导书		
3	岗位安全操作规程		
4	应急预案消防设施和灭火器使用方法		
5	岗位实习		
6	考试成绩		
7	培训评价		

(附件 14)

干部值班记录（样本）

日　　期		值班人员	
值班地点		到岗时间	

值班情况描述

特殊情况及处理结果

离岗时间		值班人员签名	
当班班长/调度签名			

备注：1. 请认真做好值班工作，值班人员须详细记录当天发生的相关事件。
　　　2. 值班人员、当班班长、调度必须亲自签名

(附件 15)

设备台账（样本）

序号	设备名称	设备编号	规格型号	数量	安装位置	主要技术参数	制造厂家	出厂日期	投运日期	备注

统计人：

(附件 16)

维修工具台账（样本）

序号	工具名称	规格/型号	管理编号	购入数量	购入日期	工具丢失/损毁/报废				备注
						报废日期	丢失日期	使用人	部门	

(附件 17)

消防器材台账（样本）

序号	器材名称	规格型号	放置位置	数量	出厂日期	生产厂家	有效起止日期	负责人	备注

(附件 18)

消防器材维护检查记录卡（样本）

检查内容	消防器材维护/检查记录卡（××××年）			
1. 消防器材整体外观情况	器材类别：_____ 器材类型：_____			
2. 灭火器压力表的外表面无变形、无损伤，指针指在绿色区域	维护日期：_____ 有效期限：_____			
3. 喷筒等橡胶、塑料件无变形、变色、老化或破断裂	日期	检查人员	检查情况	备注
	1月___日			
4. 灭火器筒体无锈蚀、变形现象	2月___日			
	3月___日			
5. 保险销和铅封完好无变形，保险绳扣无断裂	4月___日			
	5月___日			
6. 灭火器压把、阀体等金属件无损伤、变形、锈蚀等影响使用的缺陷	6月___日			
	7月___日			
7. 瞄杆接头旋转灵活（CO_2 灭火器）	8月___日			
	9月___日			
	10月___日			
保 管 人：_____	11月___日			
发放日期：_____	12月___日			

（附件 19）

安全阀台账（样本）

序号	安全阀型号	编号	制造单位	安装位置	起跳压力（MPa）	投运时间	上次校验时间	校验单位	下次校验时间	备注

统计人：

(附件 20)

监视和测量设备台账（样本）

编制日期：　　年　　月　　日

序号	器具名称	器具型号	器具编号	测量范围	制造厂	启用日期	使用部门	检定/校准周期	检定/校准日期	状态
1										
2										
3										
4										
5										
6										
7										
8										
9										
10										
11										
12										
13										

统计人：

(附件 21)

压力容器台账（样本）

序号	设备名称	设备编号	规格型号	生产厂家	投用日期	参数			使用证编号	安装位置	检测时间	下次检测时间	检测单位
						压力（MPa）	温度（℃）	介质					

统计人：

使用说明：用于登记场站压力容器相关信息。

(附件 22)

特种作业人员持证台账（样本）

姓名	身份证号	性别	学历	作业岗位	资格证书名称	证书编号	证件有效期	发证机构

(附件 23)

主要设备卡片（样本）

名称		类别	
型号规格		出厂编号	
外形尺寸		位号	
总重		合格证号	
制造厂家		使用年限	
制造日期		原值	
安装日期		检验间隔期	
开始使用日期		安装单位	
安装地点			
设备技术特性			
主要技术要求			

(附件 24)

产品数据表（样本）

设备类别					压力容器品种			
产品名称					产品编号			
设备代码					压力容器类别			
产品标准					设计使用年限			
主要参数	容器容积		m³	容器内径		mm	容器高（长）	mm
	材料	壳体		厚度	壳体	mm	壳体重量	kg
		封头			封头	mm	内件重量	kg
		内衬			内衬	mm	充装重量	kg
		夹套			夹套	mm		
	设计压力	壳程	MPa	设计温度	壳程	℃	最高允许工作压力	壳程	MPa
		管程	MPa		管程	℃		管程	MPa
		夹套	MPa		夹套	℃		夹套	MPa
	壳程介质			管程介质			夹套介质	
结构型式	主体结构型式				安装型式			
	支座型式				保温绝热方式			
检验试验	无损检测方法				无损检测比例			%
	耐压试验种类				耐压试验压力			MPa
	泄漏试验种类				泄漏试验压力			MPa
	热处理种类				热处理温度			℃
制造监检情况	监检机构							
	机构组织代码				机构核准证编号			

(附件 25)

主要设备安全附件及备品备件目录（样本）

序号	名称	编号	规格型号	材质	数量	使用位置	备注

(附件 26)

设备检查记录（样本）

检查日期	检查项目（内容）	检查情况	检查人

(附件 27)

设备检验记录（样本）

设备名称	设备编号	检验证书编号	检验单位	检验时间	下次检验时间	备注

(附件 28)

设备故障记录（样本）

发生日期	事故类别	损失金额	故障经过及原因	处理及试车情况

(附件 29)

设备月份运行记录（样本）

日期		运行小时	停车小时	停车原因					运转率（%）	备注
年	月			修理小时	停电小时	事故小时	备用小时	其他小时		

(附件 30)

设备检修记录（样本）

起止日期	修理性质	检修前运转情况	主要检修记录	更换件名称

参考文献

[1] 詹淑慧. 燃气供应. 北京：中国建筑工业出版社，2004.
[2] 白世武. 城市燃气实用手册. 北京：石油工业出版社，2008.
[3] 戴路. 燃气供应与安全管理. 北京：中国建筑工业出版社，2008.
[4] 邵宗义. 实用供热、供燃气管道工程技术. 北京：化学工业出版社，2005.
[5] 马长城，李长缨. 城镇燃气聚乙烯（PE）输配系统. 北京：中国建筑工业出版，2006.
[6] 花景新. 城镇燃气规划建设与管理. 北京：化学工业出版社，2007.
[7] 张培新. 燃气工程. 北京：中国建筑工业出版社，2004.
[8] 郑端文. 消防安全管理. 北京：化学工业出版社，2009.
[9] 田申，吴庆起. 燃气用户安全用气手册. 北京：化学工业出版社，2010.
[10] 严铭卿. 燃气工程设计手册. 北京：中国建筑工业出版社，2009.
[11] 谭洪艳. 燃气输配工程. 北京：冶金工业出版社，2009.